年収200万円からの
貯金生活宣言

横山光昭

ディスカヴァー
携書
190

本書は２００９年に弊社が刊行した『年収２００万円からの　貯金生活宣言』を改訂・再編集したものです。

あなたはどれぐらいあてはまる?

☑ 貯金力チェックテスト

- □ レシートはもらわないし、中味も気にしない。
- □ 特売品を買おうとお店に行くが、他のものも買っている。
- □ クレジットカードのキャッシングで、
貯金を「下ろす」感覚になったことがある。
- □ 誘われたら、お金がなくても付き合う。
- □ バーゲン品は買わないと損だと思う。
- □ クレジットカードが使える場面では、現金は使わず迷わずカード払い。
- □ 100円ショップで大量に買い物をしてしまう。
- □ 時間は守るつもりだけど、よく遅れる。
- □ 冷蔵庫や玄関は汚い。
- □ 老後と明日。より心配なのは明日のほう。
- □ お金を貯める努力は、恥ずかしいことだと思う。
- □ ケチと節約の違いが分からない。
- □ 夫婦の場合、妻が家計のやりくりをするのが当然だと思う。
- □ 「何とかなるさ」と思うことが多い。
- □ 風水や水晶、印鑑などの開運グッズが好きだ。

☑の数	あなたの貯金力	コメント
0〜3個	90点	貯める素質十分にあり
4〜6個	75点	工夫次第で貯まります
7〜9個	60点	気をつけないと貯まりません
10〜12個	40点(以下赤点)	かなりがんばらないと貯まりません
13個以上	20点	この本でがんばってください。 でも一転して貯金体質になる可能性が一番高いですよ!

はじめに

はじめまして。私はファイナンシャル・プランナーです。ですが、資産運用や金融商品の提案などを行う、いわゆる一般的なファイナンシャル・プランナーではありません。

その逆で、お金の面で苦しい状況にある方を、家計から再生させていくことを得意としています。そのため、「家計再生コンサルタント」という肩書も持っています。

つまり私は、「お金をもっとも貯めることができない、そして今後もっともお金を貯める必要性がある人たち」に関わってきたといえるのです。

たとえば、きちんと貯められるような生活環境（例：小学校教師・50歳・年収700万）にあるのに何となく毎月使いきって貯蓄できない方から、悪い習慣を身につけてしまい、借金が多額にある方（例：派遣社員・35歳・パチンコと買い物が趣味）まで、幅広い依頼者がいます。

このような方々のために、お金を貯めていく方法や収入の範囲内ですべきことを、今後の人生を生き抜くための視点で考えながら、これまで約10000人の家計を「再生」させてきました。

当然ながら、いずれの依頼者もお金とうまくつきあえていない方たちばかり。ですが、私が掲げる最終目標は、「○○万円貯める」とかそういうことではありません。そんなことよりも、**数字によって自分をコントロールすることができるようになってもらう**ことにあります（ここでの数字とは「お金」を意味します）。

では、なぜお金で自分をコントロールできるようになってほしいのか。

それは、お金のコントロールができない人はお金の面だけではなく、自分が思い描く理想の生き方や人生を実現する可能性を著しく下げてしまうことを、私は身をもって感じているからです。

たとえば、最近このような人が増えてきていると感じます。これといって生活に不満があるわけでもないのに、どこか気持ちが満たされず、不安や寂しさ、ストレスを感じ、人間関係や仕事、家庭の場面で、その人らしく生きられない……。

このような方々は、思いどおりの生活が実現できていないのと同時に、お金の面でも自由ではありません。「生活下手」と「お金」は密接にリンクしてしまうのです。何不自由なく暮らせる十分な収入があっても、月末になるといつもお金がない人や、貯金ができない人は、生活自体も見直す必要があるかもしれません。

いずれにせよ、お金のある人が資産にレバレッジ（てこ）をかけてさらに増やしていくという次元の話ではなく、**資産がマイナスもしくはゼロに近い状況にあり、このままではいけないと感じている「お金の問題児」である（かもしれない）あなたといっしょになって家計を立て直し、貯金をするための実践的なアドバイスをお伝えしたい**のです。

内容は家計相談の現場同様、お金の話だけではなく、お金というものから生き方なども見つめ直すことができる方法にも、章を割いて進めていきます。

また、4章では、私が開発した、**どんな人でも必ず貯められるようになる横山式90日貯**

金プログラムをご紹介します。

貯金ゼロ、借金が250万円もあった依頼者の方が、年収は同じ350万円のまま、毎年100万円を貯金できるようになった、究極の貯金プログラムです。

それから、もう一つ、お伝えしたいことがあります。

本来ならもっとも夢があり、消費意欲の高いはずの若者たちが不安のあまり、レジャーや買い物よりも貯金や節約に走っています。経済活性化のために「貯め込むな、どんどん消費しろ」と言われても将来もらえる年金額さえわからないこんな時代、そして社会保障費などの自己負担額や、手どりが減ってきているこんな時代、どうしたって、将来への不安を消しようがありません。

政治も年金も頼れないなら、自分でお金を貯めるしかない。

一般市民の我々がそう思うのも自然な流れでしょう。社会のためにどんどん使えというならば、安心して消費できるような社会にすることが先決だと強く思います。そのようなアンチテーゼの意味も込めて、私は本書を執筆いたしました。

本書を読み終わるころには、無理なく楽しみながら、「貯金力」がついていることでしょう。めざすのは、一時的な預貯金の増加、ではありません。不安に押しつぶされず、景気にも影響されない「貯められる自分」を作ることです。**各個人の幸せな生き方をサポートするツール、それが貯金力なのです。**

数カ月後、変化したあなたとお会いできること、心から楽しみにしております。

目次

CHART.2 あなたが貯金できない理由

CHART.3 明日から変われる！ 貯金体質トレーニング

CHART.4 90日プログラムで貯金力を10倍アップ

CHART.5
知らないと危険！　お金の落とし穴

CHART.6
それでも貯められないあなたへ

CHART.1

使わないお金を増やすことから始める収入アップ

どんな人でもお金を貯められるゴールデンルール

「節約はかなりの収入なり」。

ルネサンスの先駆的思想家である人文学者、デジデリウス・エラスムス（1467〜1536）はそう言い残しています。無意識に使っている**生活支出を減らすことイコールそれは収入**だというとらえ方です。

現代においてもそれは当てはまり、普遍的な本質といっても過言ではありません。また大多数の人にとって、効果的なルールでもあるのです。

お金を貯めるには、絶対に揺らがない理論上のゴールデンルール（絶対法則）があります。入ってきたものをなるべく多く残す、つまり**「稼いだお金は極力使わない」**という単純なルールです。何だか味気ないものですね。

しかし、シンプルだけに強烈なヒントも隠されています。

もう少し噛みくだき、展開してみましょう。**収入－（マイナス）支出＝1の人が、収入－支出＝3にしたい**と考えています。どうすればよいでしょう？　どうしたら差額が出るようになるかを考えればよいわけですが、やり方は3パターン。

① 収入を増やす
② 支出を減らす
③ 収入を増やして支出を減らす

と、これもいたってシンプルです。

一番いいのは、③の「収入を増やして支出を減らす」ですね。たとえ所得がすでに十分に高い人でも、理想は③でしょう。とはいえ、現実には両方やるのはなかなかむずかしいところです。

それでは、①の「収入を増やす」か、②の「支出を減らす」、のどちらかを選択しなければならないなら、どうでしょう？

本人の性格や生活環境にもよりますが、**②の「支出を減らす」がベストです。**家計再生コンサルタントとして、約10000人を見てきた私の経験から断言します。

たとえば、月2万円ずつお金を貯めたい人がいるとしましょう。月2万円＝年間24万円の収入アップが必要ですね。その人に、「副業やバイトなどして稼ぐか（①）、支出を絞るか（②）、どちらが実際に実行できそうですか？」と尋ねます。

すると、85～90％の方々が②の「支出を減らす」を選ぶのです。

もちろん、最初は多少ストレスがかかります。今まで好きなように使ってきたのに、なるべく控えるのですから。ところが、その後も安定して成果を出しつづけるのは、①の「収入を増やす」を選んだ人ではなく、②の「支出を減らす」を選んだ人たちなのです。

かつての私は細かな支出の一つひとつに目を光らせるよりも、稼いだほうが楽しいし、

使えるお金を２万円増やすには…？

❶ 収入を増やす

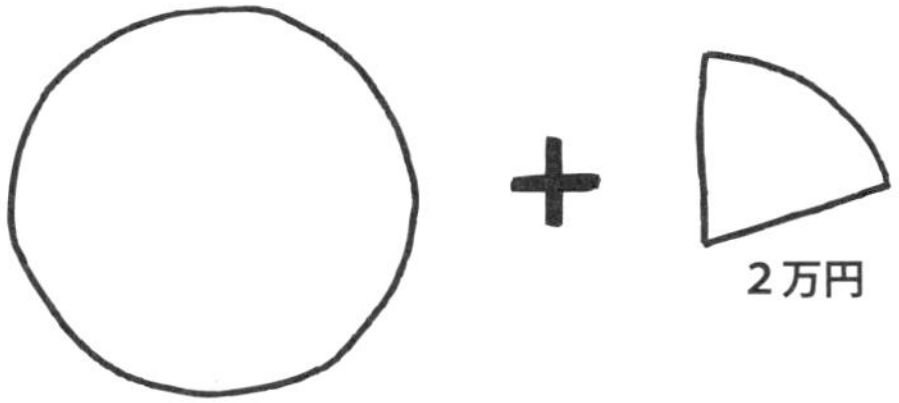

❷ 支出を減らす

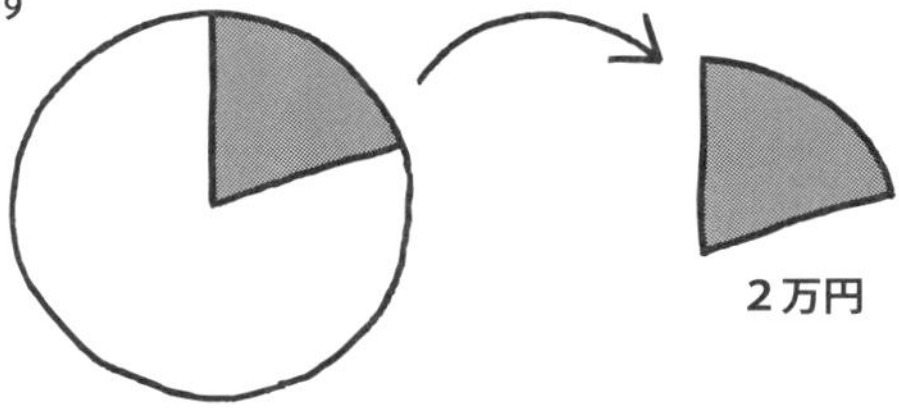

❸ 収入を増やして支出も減らす

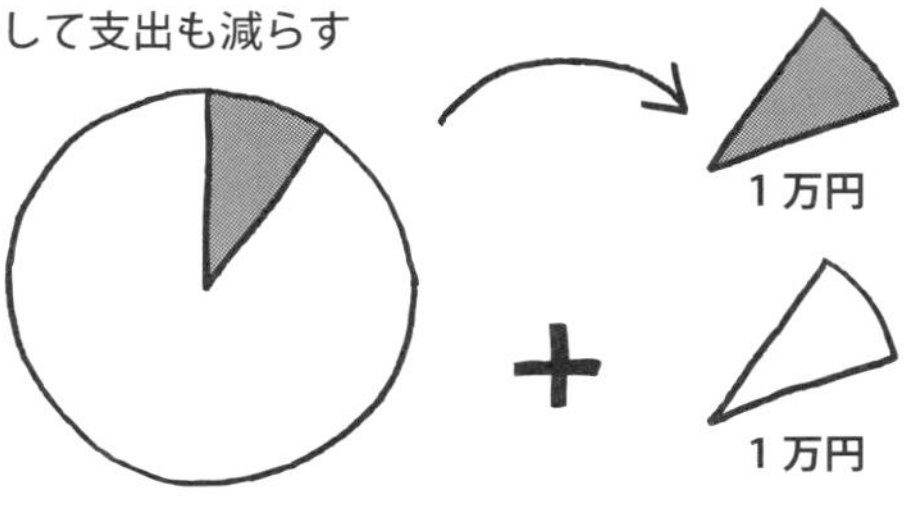

効果も出ると考えていました。ですから、②の「支出を減らす」を選んだ依頼者に、「どちらかというと②は、味気ないだけにつらいかもしれませんよ」なんて、付け加えていた時期がありました。

ひどいコンサルタントです。本人の性格や生活環境を考えずに、先入観で選択させるなんて……。そんな私は完全に間違っていたということを、成果を上げた方たちから学びました。

確かに、①の「収入を増やす」を選んだ方も10％ほどいましたが、その人たちはそもそも自営業者や経営者で、まずは売上を立て収入を持ってくることからすべてが始まる環境の人でした。会社員などお勤めの方は、ほぼゼロです。

逆に②の「支出を減らす」を選んだ人の内訳は、8割が会社員、2割が自営業の方。世の中全体の会社員と自営業者の人口割合も8対2ですから、②の「支出を減らす」を選ぶ人の比率とぴったりです。

つまり、支出を削ることが、あらゆる人にとってお金を増やすのにもっとも有効な方法なのです。

ですから、あなたがいま、ご自分でビジネスをされているのなら①の「収入を増やす」もありえますが、**会社員であればなおのこと、②の「支出を減らす」ことが、お金を貯める最短ルートです。**

これまでの浪費体質を変えたい、貯金を作りたい……。ならば、まず支出を上手にチョキン！　とカットするテクニックを学びましょう。

どうか安心してください。私が誤解していたように「支出を減らす＝節約」は、味気ない、つらいことではありません。楽しみながら貯めることはできるのです。しかも楽しみながら貯めることで、夢や希望を持ち、達成することさえできます。

そのためにはあなただけの「価値観」「夢・目標」「仕組みづくり」が大切ですが、それについては、後に触れます。

では、支出を減らしてお金を貯めるために、いっしょに進んでいきましょう。

貯金下手こそ、貯める仕組みづくり

・つい服を買ってしまった、だってセールだったから。（言い訳）
・とりあえず、お金はたくさん貯めたほうがいいよね、とは思うけど、なぜか毎月使いきってしまう。（目的があいまい）
・家計簿は買ってみたけど、つけていない。（実行力不足）

なるべくムダづかいしないようにしているのに、ちっとも貯まらない。そんな悩みはありませんか？

貯められない人は、ズバリ、**「まじめでがんばりすぎてしまう人」**なのです。

・目標やスケジュール、やることにいつも無理がある。
・すぐに喜んだり落ち込んだり、と感情の起伏が大きい。

- **「結果を出さなければ！」と意気込む、張りきりすぎる。**
- **神経質、すぐにあせる。**

こういう人が貯金できないのは当たり前でしょう、と思われるかもしれません。でも、それは今のあなたが客観視できているからです。ふつう当の本人は、自分にそのような傾向があることが分かっていないものなのです。

「いや〜、いよいよ来週から貯金を始めると思うと、とても緊張します。今のうちにいっぱいいゼイタクしておきますよ！」

ある依頼者が言った、ウソのような本当の話です。

逆に、上手に貯められるのは「大らかで何でも楽しめる人」。

- **自分なりの目的を持って、無理をしない。**
- **淡々として、激しく落ち込んだりしない。**
- **節約を楽しんでいる。**

・うまくいかなくても言い訳しない。

といったことが言えます。

そうはいっても、性格をすぐに変えることはできませんよね。では、どうすればいいでしょう？　そのために、**貯められる仕組みづくりが大切**なのです。

苦労をしなくても自動的に、結果に一喜一憂せず、淡々と。気がついたら、着実に貯まっている。

だから、**どんな性格の人でも貯められる、それが仕組みの威力**です。

そんなわけで、私は貯金を仕組み化する、横山式90日プログラムを作りました。4章で具体的にご紹介するので、だまされたと思って（？）やってみてください。効果は実証済みです。

ところで、貯められない方にはとりわけ注意してもらいたいことがあります。

まじめでがんばりすぎる人ほど、プログラムを実行するときにも、「絶対にお金を貯めるぞ！」と自分を追いつめて、意気込んでしまいます。

しかも、いたって順調なのに途中で、「これでいいのか？」「今の貯金に意味があるのか？」といった答えが出ない疑問を感じて、むずかしく考え込んでしまうのです。

ですから、本書の後半で紹介する横山式貯金90日プログラムをやっている最中は、疑問があっても深追いせず、プログラムを終えたときにじっくりと考えてみてください。当初の計画をこなしてから、自分で評価するものなのです。

このような**気持ちの切り替えや割り切りも、うまく貯金力をつけるための大事な要素だ**と、これまでのお客さまたちから感じています。

まずは貯める理由をハッキリさせる

ところで、あなたはどうしてお金を貯めたいのですか？

買いたいものがあるから？　旅行のため？　起業するため？　結婚資金？　それとも、老後のため……？　私は依頼者にいつもそう尋ねます。

するときまって、

「将来何が起こるか分からないから不安なんです。とりあえず今後のためにお金を貯めていこうと思っています。でも、なかなか……」

というあいまいな返事が返ってきます。

ほとんどの方が貯める目的を持たず、**漠然とした不安を、貯金によって打ち消そうとしているだけ**なのです。意志や希望を持たないまま、何となく貯金に取りかかっている……

だから、貯められないのです。

鋼のような強い意志の持ち主は別として、多くの人は「何となく」で貯められるほどカンタンに貯金はできません。

人間は、お金があれば使いたいし楽しみたい、ラクをしたいと思う生き物です。さらに、限られた収入で家計をやりくりし、家族みんなで生活していかなければならないのが現実です。たっぷりと余裕があるという人など、ほんの一握りですからね。

要は、ほとんどすべての人が**お金を使いたい気持ちをコントロールし、自分なりの考え方や価値観を持ち、それを家計に反映させる必要がある**ということです。

だからこそ、**「何のために貯めるのか」にフォーカスする**のです。

［ 貯める目的をハッキリさせる ］

貯める目的や目標をはっきりさせましょう。大それたものでなく、自分なりの考え方や夢が、具体的で現実的なものであればいいのです。

「目的ありの貯金」と「目的なしの貯金」では、成果にはっきりと違いが出ます。

それは私の依頼者の方の成果からも明らかです。具体例をあげましょう。

・ここ数カ月でなるべく多くお金を残したいというAさん
・3カ月後に一眼レフデジカメを買うために8万円を貯めようとするBさん

1カ月めは1万円貯められたAさん。ですが、2カ月めは油断して使いすぎ、0円。3カ月めはあせってがんばりましたが、5000円。3カ月が過ぎたところで、1万5000円。このままでは4カ月めもダラダラと使ってしまいそうです。

Bさんはまず数字を決めました。最初の2カ月はペースを上げて3万円ずつ。最後の月は2万円。目的を励みにがんばれたので、カメラを手にすることができたのです。

このように目的を決めるという小さな工夫が、お金グセを変えていくための仕組みづくりであり、自分の気持ちにレバレッジをかけることになるのです。

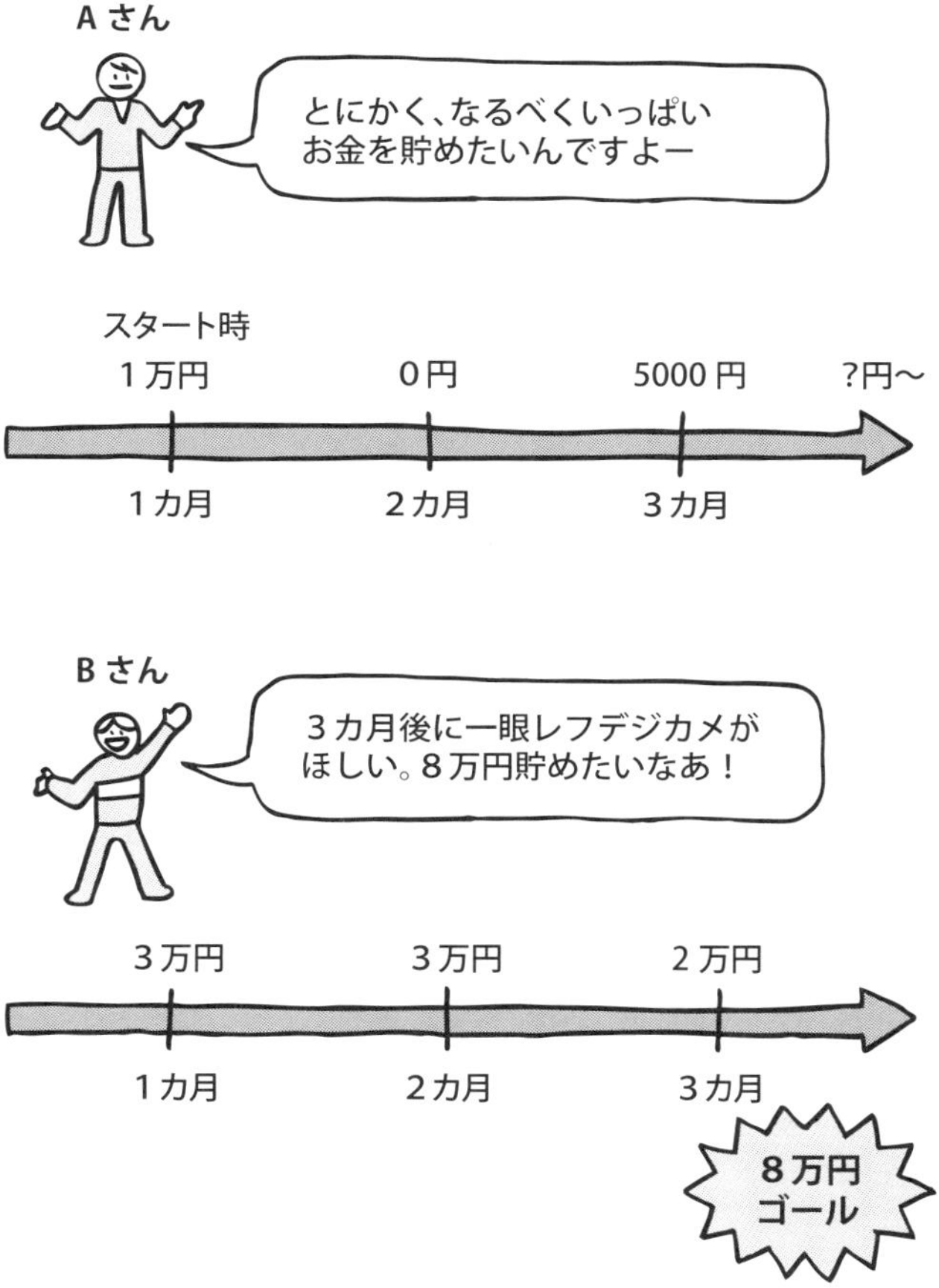
Aさん
とにかく、なるべくいっぱい
お金を貯めたいんですよー
スタート時
1万円
0円
5000円
?円〜
1カ月
2カ月
3カ月
Bさん
3カ月後に一眼レフデジカメが
ほしい。8万円貯めたいなあ！
3万円
3万円
2万円
1カ月
2カ月
3カ月
8万円
ゴール

[目標がどうしても見つからない人は？]

確実にお金を貯めるために目的があったほうがいいことは分かっている。でも、今はまだその目的がはっきりしない。そんな方は、さらに私に問いかけてきます。

「夢や希望が特になくてもとりあえず貯めておいたほうがいいですか。それは何のためなのでしょう？」と。

答えはカンタン。私はこう言います。

「今、貯金にがんばっているあなたがお金を持つことにより、これからのあなたの可能性や選択肢が広がる。だから貯めてほしい」。

将来への不安ではなく、未来の自分の可能性のために貯める。

今後のためという意味では、不安だから貯めるのと同じベクトルかもしれません。**でも動機がネガティブなものかポジティブなものかで、貯金力の伸びが全く違います。**とりわけ人生という長いスパンでは明らかな違いを指し示すでしょう。

貯金があれば、不況もだいじょうぶ

私はこれまで家計が破綻しかけた方々の相談に多く乗ってきました。

その原因を振り返ってみると、実にさまざまです。結果はみな「お金で苦しめられている状態」ですが、そこへ至るまでの経緯は一つとして同じものはありません。

ですが、原因を大きく分けると、ムダづかいや無謀な遊興費やギャンブルといった**「浪費型」**から、この景気低迷による**「不況型」**に分かれます。

収支バランスを欠いた「浪費型」の家計においても、大ざっぱな金銭感覚＝どんぶり勘定が原因であったり、家庭や仕事での不満やストレス、心の乱れが衝動買いといったカタチでお金の面に表れていたりします。

さらにその原因は混ざり合って、結果へと向かっているのです。

「浪費型」はさほど深刻ではありません。お金を使わないようにすればいいだけです。そ

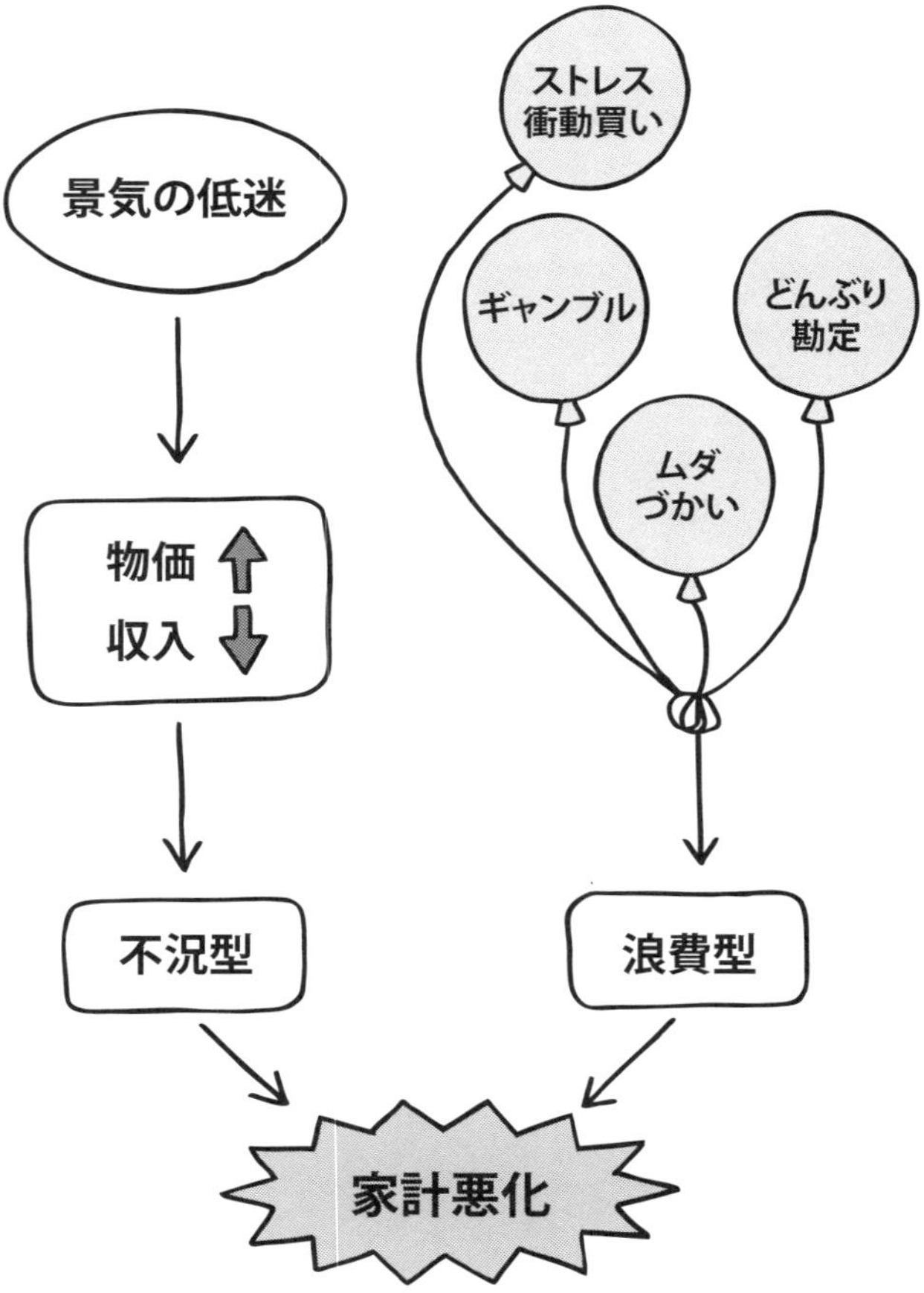
景気の低迷
物価
収入
不況型
ストレス
衝動買い
ギャンブル
どんぶり
勘定
ムダ
づかい
浪費型
家計悪化

の原因として気になるのは、特に最近増えてきたストレスなどによる**「気持ちの乱れ」**。それでも気持ちの乱れについては、流行や周囲の人に流されない自分軸を確立することで、対処できます。

今後、もっとも気をつけていただきたいのは**「不況型」**です。

最近はリストラや会社倒産といった、予期せぬ不利益が襲いかかるリスクが高まっています。もしそうなった場合、生活費の不足分をどこから補うかが問題となります。これまでの貯金を取り崩していくのか、一時的に借金をするなど他からお金を用立てるかの選択に迫られるわけです。

それなりのキャリアや資格があれば、さほど貯金がなくても問題ないかもしれません。しかし長引く不景気も手伝い、これらの強みを活かしにくいのが今のご時世です。

貯金がないことにより、あわてたり、妥協したり、自分自身をあきらめたり、だまされやすくなります。ふだんなら決して手を出さない消費者金融で生活費を借り、返済に追われて、転落人生を歩む人もいるのです。

結局、収入がとだえたとき、乗り越えられるかどうかの違いは（メンタル面の強さなどもありますが）、貯金があるかないかに左右されます。

職業柄、私はお客さまからリアルな感想を聞くことができます。

「あのとき貯金がなかったら、乗り越えられなかった」という人もたくさんいます。

一方、貯めていなかった人は「一気に深みに転落した」と嘆きます。そして「あのとき貯金があったら、これほど借金がふくらんでいなかった」とも。

つまずいたときは、経済的な体力勝負となるのが現代の宿命のようです。

［いくら貯めれば安心？］

では、どの程度貯めておけば安心なのでしょうか？　私は、月収6カ月～12カ月分と考えています。

不意のリストラなどで収入ゼロになってしまったとき、安心できる貯金額の目安としては、少なくとも**月収6カ月分**の貯えは確保したいところです。リストラや倒産の場合、雇用保険の失業給付がありますが、それでも十分な生活費とはなりません。必ず不足が発生してしまうので、できれば、**1年分の収入**を貯められるようにがんばりましょう。

［どんな不況もだいじょうぶ！］

実は、どんな不況や収入ダウンにも負けない、最大の防御策があります。それは、つらい時期を生き抜くための「知恵」や「考え方」となることを得て、それを自分に活かせるような努力を続ければいいのです。要は、**「学ぶ習慣をつける」**ということですね。

それができるかどうか？　というよりも、するかしないか？　それが、これからの人生を自分で操るのか、もしくはそのまま流されていくかを決める分岐点となっています。

そのために貯蓄のための努力の仕方と仕組みづくり、習慣、夢や目標の持ち方、そして楽しみ方を常に学びつづけましょう。刺激や誘惑にあふれている現代社会においては、自分自身が何よりの財産となります。

自分のお金ステージを知ろう

貯金に関する事情は人それぞれですよね。貯金が10万円の人もいれば、500万円、あるいはそれ以上の資産があるという人もいます。逆に借金がある人もいれば、まずはお金よりも生活基盤を固めるためにエネルギーを注ぎ、そのあとでお金は安心のために貯めたいという人もいるのです。

生活環境、家族状況などもバラバラです。そのような状況で、**一定のやり方でお金を貯めようとするのは非効率的**です。

私が家計相談で目にする現実を平たく言ってしまいましょう。まず何よりもムダな固定支出のスリム化をすべき人や、キャッシングなどで借金するような人が、投資関連の本を読みあさり、実際に挑戦してのめり込み、成果に一喜一憂しているケースが多いのです。

でも、人はそれぞれに合った「お金ステージ」をこなさないと、必ず失敗します。

投資関連の本を読むことは決して悪いことではありません。楽しむという意味合いでなら否定はしません。

でも十分なお金がないのにチャレンジすると、結局は損失を出さないように、あるいは損失を取り戻そうと、必死になります。必要以上の時間と労力を注ぎ込んで、かえって赤字が増えてしまうのです。

お金ステージとは、次のように分かれます。

第1ステージ：「お金を管理する」
第2ステージ：「お金を学ぶ」
第3ステージ：「お金を活かす①」
「お金を活かす②」

第1ステージ：「お金を管理する」

実生活に関わるお金をマネジメントしていく段階です。

つまり、家計簿を使ってお金の流れを把握する、ムダな支出は抑える、無意味な借金はしない、貯金を少しずつ作っていく、目標を持つ……など。お金と向き合って、コントロールができるようになるための、もっとも大切な基礎の時期です。

第2ステージ：「お金を学ぶ」

第1ステージで管理できたお金を、今後どう活用するかを学ぶ段階にあたります。

投資を実践しながら学ぶという手もありますが、没頭しすぎて生活のバランスを欠いたり、高リスクで利益を追求するだけの「投機」にはまることもしばしば起きます。

とはいえ、知識や情報が足りないと、進歩がありません。ですから、まずはお金に関する本を読んだり、セミナーに参加したり、と時間をかけてつかんでいく時期ととらえるといいでしょう。実践に走らないことが肝心です。

第3ステージ：「お金を活かす①」「お金を活かす②」

管理して学んだお金を、実際に「活かす」時期です。

つまり実践での投資になります。運用も、①興味本位で楽しむ、学ぶためのアマチュア投資から、②長期や分散投資による揺るがない組み立てを意識するものまで、際限はありません。

さて、あなたがワクワクするステージはどこでしょう?

おそらくお金を増やせる第3ステージだと思います。1から3までステージが上がるにつれ、お金の楽しさやお金を貯める充実感もアップしてくるものだからです。

それでは、実際のところ一番多くの人がいるステージとはどこだと思いますか?

もう、お分かりですよね? 第1ステージです。そして、自由自在にお金を扱える第3ステージにいる人の数が一番少ないのです。しっかりとしたお金の管理力や知識を身につける必要が一番高いのも第1ステージです。

なのに、人はあこがれや夢だけで、はたまた勘違いをして、自分のレベルとは違うステージへと向かってしまいがちです。たとえば第1ステージを飛ばして、第3ステージをめざす、など。

その多くは、失敗といわざるを得ない結果となります。自分のいるステージが分かっていないのですから、当然といえば当然ですね。**抜け道やマジックはないのです。**しかし、そのことに気づいたことが近道となるのです。

これからの貯金生活を順調に進めるためにも、**常に自分は今どのステージだろうか、何をすべきなのかを意識してください。**

もしかするとその過程で、お金を増やす刺激的なやり方と出会うかもしれません。でも、それは今のあなたのステージでは適切な方法ではないかもしれません。自分のステージを確認しながら、ブレることなく進んでください。

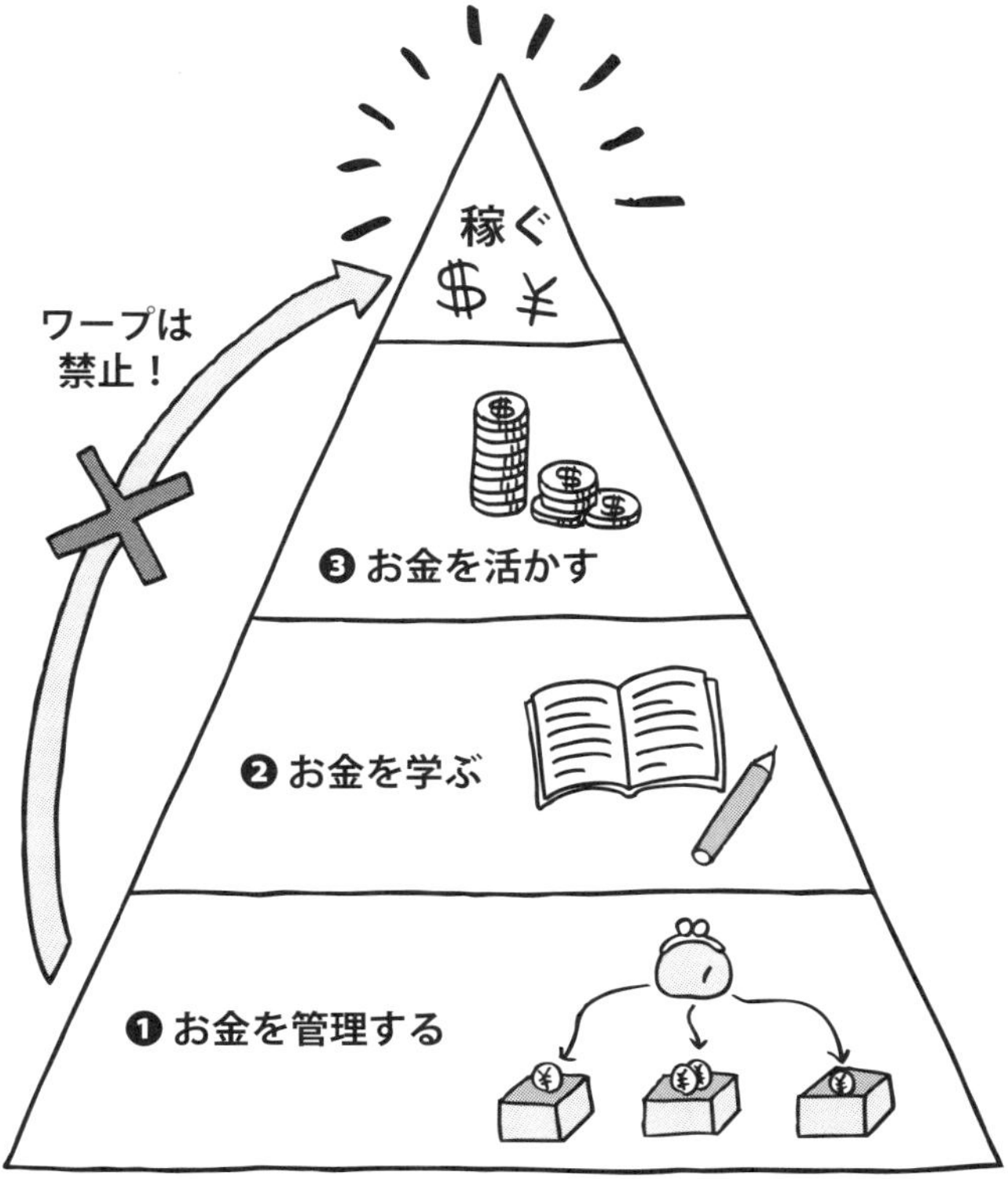
稼ぐ
$ ¥
ワープは
禁止！
❸ お金を活かす
❷ お金を学ぶ
❶ お金を管理する

「今度こそ」貯めるための8つのステップ

何度チャレンジしてもお金を貯められない。そんな自分を変えたいと感じている人はとても多いものです。

先にも触れましたように、私の仕事はいわゆる「お金の問題児」ともいえる人に、その人の弱い部分を変化、補強するためのアドバイスをさせてもらい、再生していくことです。

そして家計が再生すると、生き方までも変わります。

では、私のところにいらした依頼者の方のケースを例としてあげてみましょう。

■ 山本順一さん（仮名）27歳、独身、会社員。年収４５０万円。

貯金はゼロ。これまでの最高の貯金額は、ボーナス支給直後の30万円。本人曰く、特にムダづかいも、ぜいたくもしていないのに、月末になるといつも金欠とのこと。恋人との結婚を意識し、長年しみついた無計画生活を、90日プログラムで転換しました。2年めにして、預貯金160万円。

■田村由美さん（仮名）32歳、主婦（パート）。年収80万円。

5年間の買い物で（買い物依存症）積み重なった借金は270万円。90日プログラムによって、半年で金銭感覚を直し、1年で買い物依存症のコントロールができるように。借金は4年かかるところを、3年弱で完済。現在では、完済後1年余りで100万円を超える貯金を実現しました。（マイナスだった依頼時からの差は、約400万円！）

右にあげた方々は、あなたよりも「お金の問題児」だったかもしれません。でも、再生をはたし、自分の可能性を最大限に広げることとなった幸せな貯金生活を送っています。

たとえば山本さんは、お金の使い方のルーズさをあらためれば、自分の給料だけで結婚後も生活ができること、そして貯金もできることに自信を持ちました。そのように変わった彼を見て、恋人の女性も安心したようです。

田村さんは、支払いに追われることのない生活と、金銭的な余裕ができたことによる気持ちのゆとりができました。もう買い物に依存するのではなく、家族で楽しむためにお金を使いたいと思い、そのために貯金をするという目的ができたようです。

ですから、どうしてもお金が貯められないという方こそあきらめずに、これまでの経験や先入観をリセットして、もう一度取り組んでみてほしいのです。

たとえ現状がクレジットカード使いまくりのショッピング生活であっても、何度負けてもパチンコ三昧であっても、借りて返してのまわし（自転車操業）生活であっても、

- **こんな生活、続けていたらまずい。**
- **貯められない自分がイヤだ。どこかで人生を変えたい。**
- **お金をもっと有意義に使いたい。**

そう意識するだけで、ムダづかいをなくし、貯金の達人となるチャンスと素質は十分にあります。それではお金を貯めたい、よりよい自分になりたい人が実際に変わるためには、どんなステップを踏めばいいのでしょう？　次のようにまとめてみました。

［お金を貯める8つのステップ］

①自分の性格とお金グセを知る
②無理なくできるお金習慣を考える
③今の固定支出を疑ってみる
④貯金目標とお金以外の楽しめる行動目標を持つ
⑤今、お金を貯められる環境なのか判断する
⑥期間設定と数字で自分を知る
⑦90日間での成果をふりかえる
⑧とにかく繰り返す！

こうしてお金の問題児だった人たちが、お金だけでなく**人生の大逆転をもなしとげてい**

るのです。あなた自身にも当てはめられるように、内容を紹介していきます。

①自分の性格とお金グセを知る

自分のお金の歴史をふりかえってみましょう。お年玉に始まり、バイト代やお給料について。どんなふうに使ってきましたか？　自分を責めるのではなく、自分のクセを知るだけで十分です。過去に失敗したとしても、未来の方がよっぽど大切なのですから気にしないでくださいね。

②無理なくできるお金習慣を考える

続けられることでなくては意味がありません。貯金に関して挑戦してみたいと思ったことすべてに取り組むのではなく、本当に自分にできるのか考えてみてください。

たとえば、雑誌などにある「一食１００円以下で作る節約メニュー」、「寝る前に全部の家電のコンセントを抜いて……」といった地道なコツコツ型の節約術を継続的に進められますか？　向いていないのなら、もっと大胆な部分での支出カットを考えたほうがいいでしょう。

③ 今の固定支出を疑ってみる

「これ、本当に必要な支出なのかな？」と自分に問いかけるクセをつけましょう。私たちは、便利さや横並びの価値観に知らず知らずのうちに慣れ親しんでいます。そのため、一見固定費と思われる支出（携帯電話やタバコなど）についても疑ってみましょう。そうすると、〝自分の価値観〟が形成されていくのです。

④ 貯金目標とお金以外の楽しめる行動目標も持つ

勘違いする方が多いのですが、お金だけで人生を有意義なものに変化させられるわけではありません。○○円貯めるといった数値目標も大切ですが、それ以外の行動目標も持ちましょう。やりたいことや夢が、よりお金を貯める原動力になります。

たとえば半年に一度は旅行したいといった、自分をリフレッシュさせるための楽しみを掲げてみてください。そうすることで、あなたに輝きが出てきます。

⑤今、お金を貯められる環境なのか判断する

今、安心してお金を貯められる環境にありますか？　リボ払いや、完済できない高金利の借金があったりするのでは、いくら節約しても貯金できません。ザルで水をすくっているようなものですね。

⑥期間設定と数字で自分を知る

実行期間は、90日。効果をあげるためには、一定で長すぎない期間を決めておくべきなのです。

失敗のもととなる、「何とかなる」という希望的観測と「お給料安いから仕方ないよ」というあきらめ精神からの脱却を図っていきましょう。そのためには、数字を利用します。その方法については4章でご紹介します。

⑦90日間での成果をふりかえる

貯金プログラムを90日間やったら、ふりかえってみましょう。はじめに決めた目標の達成具合はどうでしたか？　当初思い描いていた理想と現実を数字によって「見える化」さ

せたのです。終えたあとの感想を、自分の言葉で書きだすという作業もおすすめです。

⑧ とにかく繰り返す！

プログラムを1回で終わりにするのではなく、より自然に習慣となるよう最低2回は取り組んでください。すぐに再開してもいいですし、少し休んで再挑戦でもＯＫです。しかし効果を上げるためにはあまり間を空けないほうがよいようです。2回目は、1回目の半分以下の労力でできます。3回目はもっと楽です。

8つのステップに従って進めるうちに、自然とお金を意識しながら生活できるようになります。

すると、必ず成果を感じ取れます。そうなれば、お金に関する基礎能力を身につけたという自信が持てます。自分の気持ちにレバレッジをかけることが近道であり、確実で揺るがない方法なのです。この考え方を身につけることこそが、生涯の財産なのです。

CHART. 2

あなたが貯金できない理由

ケチケチ節約術より固定支出カットが早道

お金を貯めるには、出ていくお金（支出）を抑えなければなりませんね。まず、支出の内容は2種類あるということを覚えましょう。毎月支払額がきっちり決まっている「固定支出」と、月に応じて支払額が変わる「流動支出」です。

- **固定支出：家賃、生命保険料、新聞代、など。**
- **流動支出：食費、光熱費、など。**

残念なことに、ほとんどのみなさんは固定支出を気にしません。毎月一定の金額がごっそり消えていくのに、減らせるなんて思ってもみないのです。

逆に、やりくりで低く抑えられるかもしれない流動支出にばかり目がいきがちです。よく雑誌などに載っている節約ややりくり術というのは、食費や光熱費などの、金額が毎月変わる流動費部分に取り組むことなのです。やりくりの出来に左右されるのですから、安定した効果は望めませんよね。

一方、固定支出は毎月決まった金額だけに、一度そぎ落とせば、その分は安定した結果が伴います。裏を返せば、**固定支出はカットしないかぎり、あなたから永遠にお金を搾取しつづける**ものだともいえます。

ちなみに流動支出であっても、使わなくても必ず支出が発生するもの、つまり携帯電話の基本料金とか、インターネットのプロバイダ料金も、固定支出として意識する必要があります。

使わないお金を増やして収入アップするには、**固定支出から優先的にカットができないかと検討することが先決です。**

それには、まず固定支出とは何なのか、どうして支払っているのか、その背景に何があるのか、自分できちんと納得しなければなりません。

便利なモノやサービス、情報があふれる現代社会。私たちはそれらの便利さ、手軽さに当たり前のようになじみ、生活しています。一度知った便利さへの欲求は尽きることなく、世の中の進化は劇的なまでのスピードで加速していますよね。

ただその加速感は何かを引き連れているように感じられます。それはどちらかというと、即座には信用できないというか、本質が見えづらいもの。色でたとえると、グレーな雰囲気のものです。

それこそが、私たちにお金を使わせるおおもとなのです。私たちがふだん目にしている**モノや情報には、必要としている「便利さ」だけではなく、何らかの「仕掛け」が施されています。**

たとえばそれは、「おトクに！」「キャンペーンとして」「今だけ限定サービス！」といったフレーズであり、サービス利用に関しての付加条件であり、高額商品の分割払いであったりします。

つまりは「固定的な支払い」を伴っていることが多いのです。

モノやサービスを売ろうとする側からすれば、そういった仕掛けは当然のことであり、まさにビジネス上の仕組みづくりです。悪いことではありません。

Win-Win

ではなくて、
企業のプラスは、消費者にとってマイナス

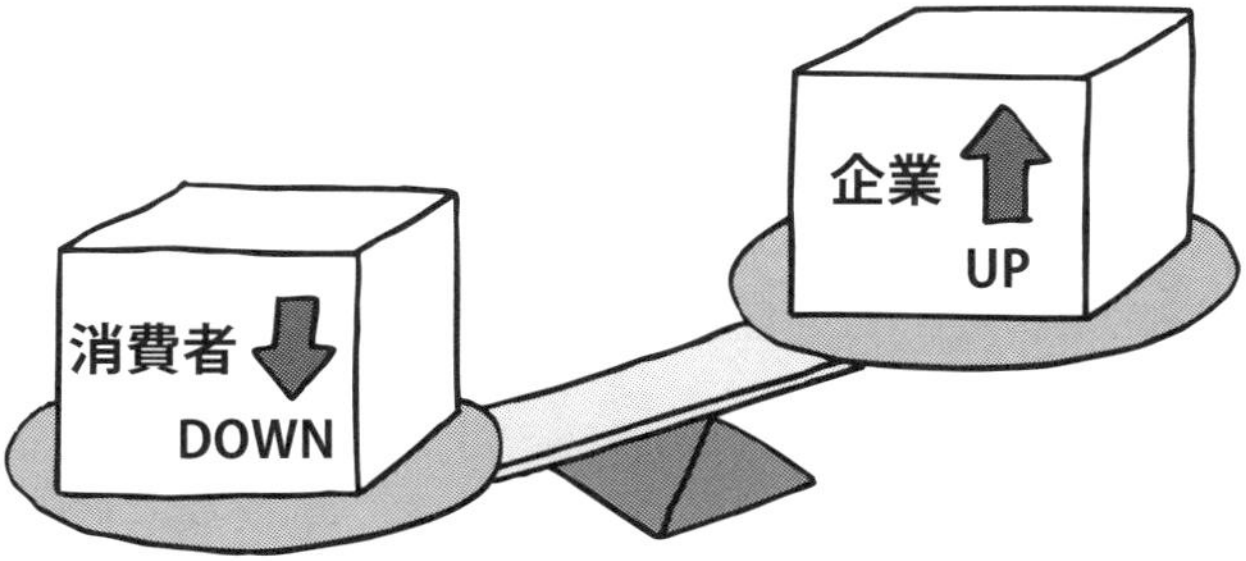

しかし、**その仕組みに当たり前のようにつきあっていると貯蓄どころか家計がうまく維持できなくなる**のも当然です。

これまで何も考えずにぜい肉のように身につけてきた支払い習慣を、今後の貯金の妨げとしないために、**まずは毎月の固定的な支出を疑ってみてください。**

モノやサービスを提供する企業からすれば、一度に大きな金額が入らなくとも多くの利用者から安定して売上が毎月入ることがありがたいのです。逆に利用者からすれば一度に高額の支払いは無理だけれど、毎月小額ずつ負担するのなら何とかできるので、つい払ってしまいます。

固定支出とは、企業と利用者の利害がマッチングした縮図にはまり込んでいる状態であり、そのせいで私たちが見落としがちになることを意識しましょう。

あなたの生活をむしばむ固定費ワースト10

見落としがちになるからこそ、固定支出を見直すことで得られるメリットが大きいことは、先にも説明させていただいたとおり。固定支出のカットは、転職や副業、昇進による年収アップをはかるより、ずっと効率的でカンタンな収入アップです。

それでは、どんなものが固定支出にあたるのでしょう？　厳密な意味の会計用語としての「固定」や「流動」という支出分けではなく、毎月必ず払う必要のあるものを、「固定費」というくくりで見ていきましょう。

約3800人の家計診断の経験から、多くの人が抱えがちなムダな固定費を、次のページのように順位づけしてみました。

［ムダな固定費ワースト10］

1位　ムダな会話やメールのもととなる携帯電話代
2位　意味のない飲み会の交際費
3位　ぜいたくなまでの食費
4位　保障内容も知らない高額な生命保険料
5位　不健康のもととなるタバコ・お酒などの嗜好品
6位　近所をうろつくための車のローン・ガソリン代
7位　意味のない飲み会の帰りのタクシー代
8位　毎日の高カロリーな外食ランチ
9位　自分の口座なのに下ろすたびに引かれるATM手数料
10位　惰性で買う雑誌やマンガ

いかがでしょうか？　いくつか、思いあたる項目があるのでは？
ほかにも、こんなものがあげられます。

・ポイントめあてにかえって支払いが増えるクレジットカード払い
・ほとんど行かないスポーツクラブの月（年）会費
・テレビ欄とチラシがメインの新聞代
・定期的に届くサプリメントや飲料水代
・行きすぎなまでの娯楽費
・捨てられないものを預けておく貸し倉庫代

状況によりますが、基本的にすべて「浪費」に該当するものです。あなたご自身も分かっているように**すべてムダですから、ザクザクと積極的に削り落としてください。**それだけでも、収入アップへの第一段階は完了です。

また、借金（キャッシングやクレジットカードでの分割払い）の利息、ギャンブル（パチンコや競馬）などの遊興費、脈のない異性への貢ぎ物代、そんなものは当然にムダづかいです。

ズバリ的中！ あなたのマネー性格診断
（携帯電話／借金／生命保険／交際費／嗜好品代）

固定支出にもいろいろあることがおわかりいただけましたか？
プロの視点で言わせていただくと、中でも、

・携帯電話代
・借金（クレジットカード払い含む）
・生命保険料
・交際費
・嗜好品代

が、気にかかる典型的な項目です。

なぜかというと、この項目にはその人がどのような性格なのかがはっきりと反映されるからです。

どの項目の支出が多いかで、どのような価値観なのか、お金についてどう思っているのか、貯金しやすいタイプなのかといった、その人自身をくみ取ることができます。下手な占いよりよっぽど当たります（笑）。**性格はお金にしっかりと表れるのです。**

それでは、少し細かく見ていきましょう。今後しっかりとお金を貯めていくために、まずはどの項目にたくさんお金を使っているかを知り、ご自分がどのようなタイプなのかを知ってください。

携帯電話代が高い

↓

依存心の強いタイプ

携帯電話の役割は、連絡手段・情報収集であり、だからこそ必要なものだと思い込んでいませんか？　しかし、本当にそうなのでしょうか？

Eメールが進化した現在、連絡手段という役割はすっかり変化し、今や単なるコミュニケーションツールなのです。

最近の家計では、携帯電話代が、手取収入の1割近くを占めている人が少なくありません。たとえば家族3人で3台所有、総額2万5000円。1人で1台所有、1万7000円など。

問題は、持っていないと不安になる「依存心」にもあります。本人に実感はないのですが、何事も断ち切れない、自分を強く保てないという心理面から、**携帯電話代が高い人は貯金も下手です。**貯められません。

オンオフの区切りを習慣にしましょう。充電が切れたとうろたえてコンビニに充電器を買いに走ったり、電波が届かない場所にいると落ち着かなかったり、と気持ちが「ケータイ」というツールに持っていかれすぎなのです。

貯金できる人は、まず携帯電話を持つかどうかを慎重に検討し、料金プランも時おり見直しています。毎月のコストでとらえるのではなく、携帯電話を持つことによる**長期的なトータルコストを計算しましょう。**またパケット代などのネット通信料は、自宅のパソコンを使えば浮かせられますよね？

携帯電話代は、お金についてどうとらえているのか、本気で貯める気があるのかといった、本気度が表れる一つの指標でもあるのです。

■ケータイ代：月8500円も、10年たてば102万円！

28歳会社員Aさんの場合。月々の支払いは8500円（パケット料込み）。恋人や友人との会話や、仕事で使っていました。恋人との長電話は日課でしたが、メールを利用したり、スカイプなど無料ネット電話を使ったりして、月3800円に節約。年間5万円以上の節約に成功。

借金（カード支出）が多い

↓

自己コントロールが心配なタイプ

借金というと何やら怖い雰囲気がありますが、**クレジットカードでのショッピングやキャッシングなども、立派な借金です。**支払いが完全になくなるまでは、あくまで品物の使用者であり、所有者ではありません。所有権はカード・信販会社にあるのですから。

リボルビング払い（通称リボ払い）という分割払いの方法で支払っている人も多いようです。リボ払いとは、たとえば1万円とか2万円といった、毎月定額の返済をしていくことによって合計残高を減らしていく支払い方法です。

何重にも折り重なった取引では、今月リボ払いとして支払った1万円がどこに充当されているかさえ分かりにくく、何より決して安くない金利（年利15%程度）が毎月固定化されてしまいます。

「今はお金がなくても毎月の分割でなら払える」「一気にお金を使うのはイヤ」

そこまでして必要なものなのでしょうか？　赤字となっている家計の問題の先送りになりかねないので、借金はカンタンにしない習慣を身につけてください。

最近は、ポイントが貯まるから、支払手数料（金利）がかからないからと、現金があってもクレジットカードで払う人が増えました。しかし、**使わないことによるおトクさのほうが総合的に見て必ずや上回ります。**損得でいうと、断然勝ちです。カード会社は、カードを使ってもらってなんぼが前提で成り立っているのですから。

それに加えて、ある人間の心理が働きます。次のケースをごらんください。

■小心者の強い味方？

スーパーに食品を買いに行ったBさん。お財布を見ると手持ちが3000円しかありません。でもクレジットカードはあります。カードがなければ2000円ぐらいですますのですが、カードがあるので結局4500円分も買い物をしてしまいました。

手持ち金額を気にせず多くの買い物をさせる恐ろしい力を、クレジットカードは持っているのです。クレジットカードだけではなく、先に入金させ、足りなくなると補充してさらに使おうとする消費者心理を利用した電子マネーやプリペイドカードにも、この力があります。

欲しいという気持ちを、利息や余分買いという代償で支払うことになるのです。

生命保険料が高い

↓

とりあえずは……なタイプ

保険は高額な金融商品です。非常に分かりにくいのですが、払い込んだ保険料は保険会社によって投資されています。保険としての一つの役割でもある貯蓄性を安定させるためにさまざまな運用が考えられているのです。

視点を変えてトータルでとらえてみてください。事実、私たちが毎月支払っているお金に利息がつき、30～40年間で運用された金額は相当なものになるのでしょう。

たとえば、毎月2万円の支払いで、30年間で支払う金額は一人あたり720万円にもなります。結婚して、夫婦で何十年と払いつづければ、ちょっとした**不動産購入に匹敵する金額になっていることもあるでしょう。**それなのに、すすめられるままに払っている人が多いのです。

ファイナンシャルプランナーでもある私は生命保険の見直しもします。

資産運用として貯蓄型の保険で毎月積み立てをしていたつもりが実際はそうは設計されていなかった、とか、掛け捨てでもしものときのケガや病気、そして死亡といった不意の事故に備えていたつもりがそうではなかったなど、本人が思い描いていたのと保障内容が異なることはよくあります（思い描いていることがあるだけ、まだいいのですが……）。

■これまで払った保険料はどこに？

29歳の会社員Cさんは、骨折で10日間入院しました。ケガは治りましたが、入院代など医療費が意外と高くついてしまい、こんなときこそ、と生命保険の請求をしました。

ところが、思っていたほどの給付額とならないことが判明。それは保障が弱い、死亡保障重視型の保険に、よくわからないまま入っていたからです。

こうなってしまうと、後悔しても過去のお金は戻ってきません。手遅れにならないよう、早い段階で生命保険料にもしっかりと疑いをかけてください。

生命保険の役割は大きく分けて、「保障」と「貯蓄」があります。

保障はしっかり手厚いに超したことはありませんが、そうなると保険料がかさみます。保険料と保障内容のバランスを、家計から無理のない範囲で見定めていくことが大事です。

保険に何を求めますか？

貯蓄は生命保険でなく、リスクの幅が小さい堅実な投資信託を利用するなどしたほうがいいというのが私の意見です。

金融商品が豊富な今の時代、**生命保険で貯蓄を考えるのは得策ではない**と感じます。つまりは、生命保険に求めるものは「保障」部分のみでいいのです。

たとえ今、あなたが入っている保険が掛け捨て型であっても、払いすぎには要注意。もしものときの医療や死亡をカバーしてくれるのに必要な分だけで十分です。安心のため、不安をなだめるためにムダづかいするのはもったいないことですよね。

そういった割り切りや切り替えができないことも、貯金ができる体質なのかどうかにリンクしているので、私は必ずチェックする項目にしています。

交際費が高い
↓
一人だと不安なタイプ

交際費からは、「人づきあいにおいてどのようなタイプなのか？」が判断できます。

友人や同僚と会って交流するのが好きな人なんだとか、逆に人とたわむれず一人で過ごすタイプの人なのかな、といった仮説からはじまります。

次に、本当にお酒が好きな人なんだなとか、デート代ならば惜しまないタイプとか、誰かに依存する体質なのかな、人に流され影響を受ける人では？　などといった、より細かい部分をくみとっています。

■ 年間60万円！　これって飲み会貧乏？

31歳の会社員Dさんは大の飲み会好き。同僚や先輩と、学生時代からの友達と。そして合コン！　誘われたら断りません。おかげで、社内外のコミュニケーションはばっちり。その代わり、月末になるといつもギリギリで、貯金どころではありません。計算すると、なんと毎月平均5万円も使っていました！　手取りの約2割です。年間60万円……本当に必要な交際費なのでしょうか？

嗜好品代が高い

↓

意志の弱いタイプ

これはズバリ、意志の表れです。意志の弱さや凝り固まった固定観念・人生観が反映されています。

嗜好品とは、

- **依存性があるタバコ（ニコチン）**
- **お酒（アルコール）**
- **コーヒー類（カフェイン）**

などのこと。女性ならチョコレートやケーキなどお菓子類もそれにあたるかもしれませんね。お菓子やコーヒーは問題ないとしても、タバコやお酒には注意が必要です。

特にタバコを吸っている人は、貯金のためというより、健康のためにやめましょう。ですが、そうはわかっていても、依存性が強いため、一度覚えるとなかなかやめられないものです。

実は、私も1年ほど前までは吸っていました。絶対にやめられない（やめたくない）と強く思い込んでいて、長い間愛煙していました。だから、やめるつらさは十分に理解できるつもりです。

紆余曲折を経て、今はやめてスッキリ、心底よかったと思っています。

1日に3箱買っていた**タバコ代（1箱320円として1日960円　↓　1年で、なんと35万400円！）は浮く**し、1日何十回（1回5分程度）と喫煙スペースに通う時間も節約できました。のどの調子もすこぶる良好です。何よりも体調がよくなり、病院に行く回数も減りました。

タバコだけでなく、お酒やコーヒーの飲みすぎも、体に負担がかかっているのは事実です。健康になることが最大のメリットではありますが、**嗜好品をやめて得られる金銭的なメリットにも着目してみてください。**

①　コーヒーやタバコ、お酒代が浮く

②　健康になることで医療費が浮く

③　浮いた時間の分、働ける＝収入のアップ

たとえば、飲酒が引き起こす健康リスクを、金銭に換算してみましょう。お酒の飲みすぎの結果、肝臓の調子が悪くなり、治療に5年かかったとします。その間の通院や薬代は、なんと40万円にもおよぶと推測できます。

健康であることは、医療費の面から見ても大きな財産なのです。せっかくお金を貯めても、不健康であれば意味がありませんからね。

■その一杯がやがて……

29歳の会社事務員Eさんは朝のコーヒーが欠かせません。出勤途中のコーヒーショップで買って、オフィスでほっと一息つくのが日課です。日中に一度、甘い缶コーヒーも必ず飲みます。

毎朝のコーヒー代（スターバックスの場合）と缶コーヒー1本
（280円＋120円）×週5日＝2000円／週　↓　8000円／月
↓　年間9万6000円！
9万6000円あれば、旅行や液晶テレビ、洋服や高級ブランドだって……。

嗜好品もまた、お金とはおもしろい関係にあります。

私の経験から言いますと、**お金を大切にする人は時間も大切にする傾向があるのです。**

健康管理を大切にする人は、お金や時間を得る仕組みを構築しています。だからこそ、仕事ができる人、稼ぎ力がある人ということになるのでしょう。

やはり嗜好品には、その人がお金や時間、仕事、そして体を大切にしたいと考えているかどうか、いわば人生に対する姿勢が表れてくるのです。

主な固定費から見るマネー性格チェック。あなたはいかがでしたか？

単なる性格診断のようですが、お金を貯めることと性格は強く結びついているのです。

自分のお金の弱点はどこなのか、この機会にしっかりと見つめましょう。

収入に占める理想割合は？

毎月一定額出ていく固定費が、貯金の最大の敵ということがわかりましたね。でも、だからといってゼロにできるものでもありませんよね。

では、どれくらいまでなら使ってもＯＫなのでしょう？　家計は、収入や家庭環境、価値観などにより異なります。次のページの表はあくまで例ですが、目安としてつかんでください。

たとえば、独身の方の場合。

比較的たくさん使ってしまう**通信費（携帯電話代）は、多くても月収の5％まで。そして住居費（家賃）も、27％程度**にしたいものです。

手取り収入が20万円の場合、通信費は1万円以内、住居費は5万４０００円程度でというのが、支出の理想的なバランスからの結果となります。

家計の目安を知ろう！

単身者（手取 20 万円の場合）		
家計費内訳	理想割合	金額
食費	17%	¥34,000
住居費	27%	¥54,000
水道光熱費	6%	¥12,000
通信費	5%	¥10,000
こづかい	7%	¥14,000
保険料	6%	¥12,000
趣味・娯楽費	3%	¥6,000
被服費	3%	¥6,000
交際費	3%	¥6,000
日用雑費	2%	¥4,000
その他	6%	¥12,000
貯蓄	15%	¥30,000
支出計	100%	¥200,000

家計費内訳	小さな子供がいる家庭の理想割合
食費	18%
住居費	22%
水道光熱費	6%
通信費	6%
こづかい	5%
教育費	7%
保険料	8%
趣味・娯楽費	2%
被服費	4%
交際費	3%
日用雑費	2%
その他	5%
貯蓄	12%
支出計	100%

右の表に示しましたように、この割合に当てはめて考えると、意外とお金をかけられないことがわかります。もちろん、すべてこのとおりにもいかないでしょう。

しかし、「もしかすると、使いすぎかも?」などと意識するだけでも、今後のやりくりの仕方やお金の使い方に違いが出てくるはずです。

ぜひ、理想割合を知ったうえであなたの収入がどのように使われているのかを算出してみてください。

毎月の予算立てがしやすくなることでしょう。

便利でおトクなサービスほど仕組まれている

さまざまなサービスがあふれ、不便であることがまるで「悪」のように敵視される世の中ですが、そこに落とし穴があるのです。消費者の欲望を全開にさせ、お金を使わせる仕組みが張りめぐらされています。

【自動車の残価設定ローン（リース）】

3～5年後の車の下取価格（残価）をあらかじめ差引いてローンを組むので、車を買うより月々の支払額が安くなるのが魅力。でも、事故を起こしたり、返却時の車の状態が悪かったりすると車の価値が下がり、かえって損失が出ることも。残価のあるまま車を買い替える場合、同じ自動車メーカーで次の車を選ばなくてはいけないのも不自由ですね。

【電子マネー】

小銭不要で、前払式となっており、ポイントがたまるなどのサービスも充実しているので、人気が高まっています。ですが、買う際に実際には現金を出さないこともあり、ふだんなら買わない割高なものをあっさり買ってしまうことも。店や場所により、利用できる電子マネーの種類が決まっているなど、企業は顧客を囲い込む手段の一つに使っていることを知っていますか？

【携帯電話の料金プラン】

980円プランや家族間通話無料など、何かとおトクなイメージの大手携帯電話会社の料金プラン。格安スマホに変えたいと考えても、中途解約に高額な違約金が課せられるなど、契約会社を変えにくいようにされています。安価な料金プランでも、使いすぎると一気に高額な請求が来るので、要注意。

【クレジットカードのリボ払い】

カード会社が前もって定めた利用限度額の範囲内で何度でも自由に利用できます。月々の支払額は抑えられますが、分割払いなら2回まで利息がかからないのに対し、リボ払いを利用すると2回で払いきれるものにまで、利息がかかります。

はじめに利用した分が払い終わらないうちに次の利用ができるので、その支払いが何の購入代金にあてられているのか分からなくなり、金銭感覚が麻痺します。それも狙いの一つなのでしょうね。

このように売り手側の意図を知らなければ、ただお金を使わせられるだけ。知っておくだけでお金の使い方は変わります。

カードもローンも払い終わるまでは「借金」

これまでにもお話ししていますが、**クレジットカードでの買い物やキャッシング、自動車や住宅のローンなども、支払い終わるまでは「借金」に分類されます。**

カード払いや住宅ローンを「借金」という言葉に置き換えると、とたんに重いイメージになりますね。ですが、これこそがカード払いや住宅ローンの正体です。つまり、**あなたの家計にも隠れた借金がある**わけです。

クレジットカード払いなどを含めた「借金」項目は、日常の小さな出費に対する意識はもちろんのこと、家計の破たん危険度やSOSも察知できる重要な指標です。

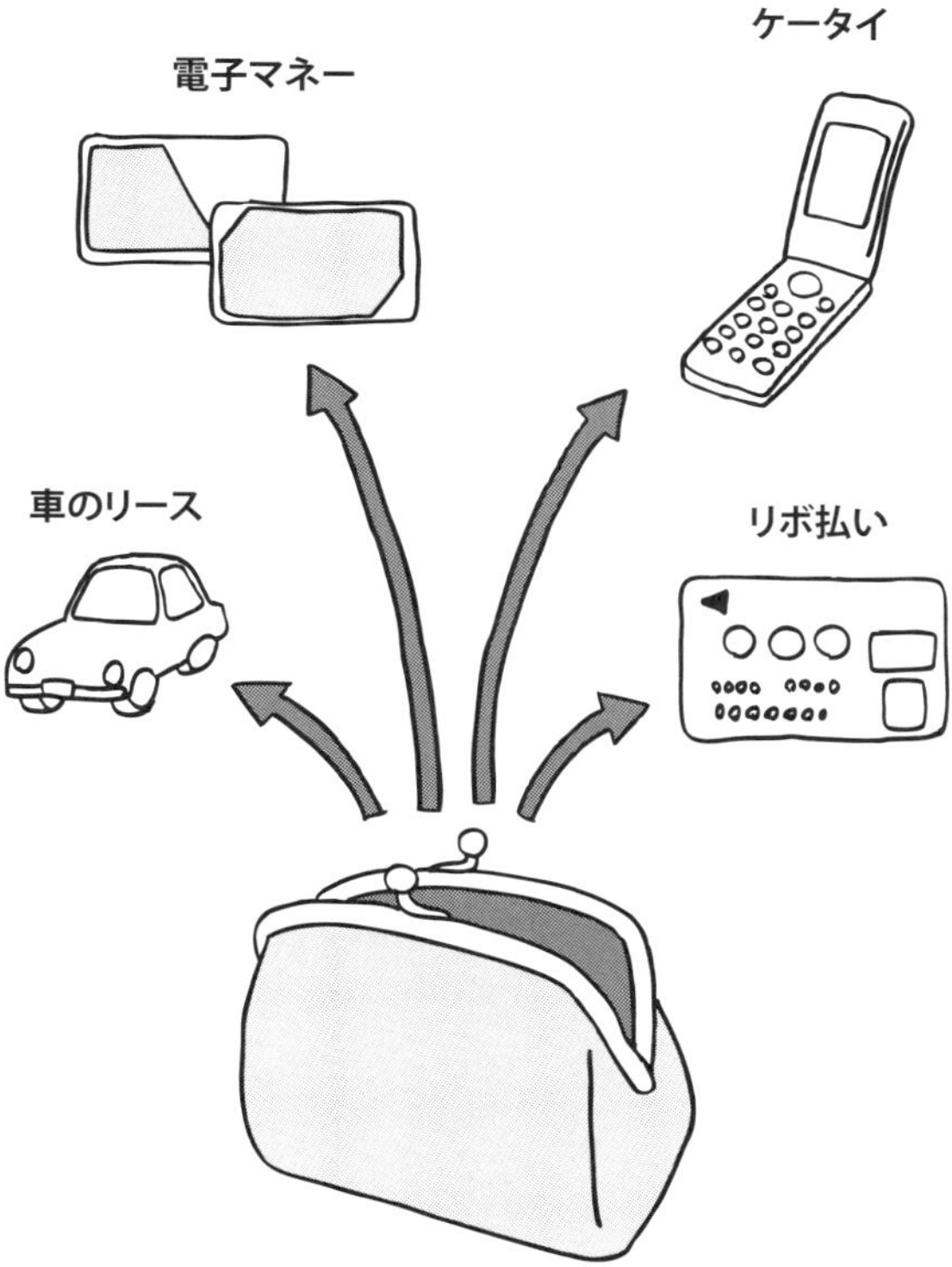
電子マネー
ケータイ
車のリース
リボ払い

■ リボ払いは魔法のおサイフ？

広告代理店勤務の会社員Ｆ子さんの趣味はおしゃれ。ファッション雑誌を毎月5冊は買い、週末はショッピングに出かけます。行きつけのデパートの店員さんにすすめられて、リボ払い専用カードを作りました。ついつい買いすぎてしまった月も一定額の支払いなので、おしゃれも続けられるし、おサイフにやさしいと思っています。着々と借金額が増えていっていることにも気づかずに……。

弱い心で無計画に借金をしても（クレジットカードを使っても）、得るものはありません。今すぐ手に入れるための代償が利息であり、自分を甘やかしていると積み重なる利用額によって毎月の支払いが固定化し、給料の多くが奪われていきます。

毎月、クレジットカード返済があって当たり前と思っている人もいます。それは、**いつもどこかにツケがあることと同じ**です。

カード会社によって作られたスマートなイメージに流されないでくださいね。

カード支払い額から分かるあなたの現状

借金を生かすも殺すも、すべては利用する人の使い方次第です。あなたはその点、どうなのでしょう？　すなわち自分の借金（クレジットカード使用）状況がほどよい範囲でのことなのか、そうではなく悪い借金となっているのかが、気になるところだと思います。

そもそも悪い借金とはどんな状態をいうのでしょうか。いつも毎月の返済に追われている、収入の大部分（3分の1以上など）がクレジットカードの返済にあてられている、といった状況なら、無条件で悪い借金だと判断できますが、そこまでひどくない場合、一定の判断基準がほしいものです。

貯金ゼロ状態から脱出できない理由は二つあります。一つは、**「自分の現状を判断する方法が分からないから」**です。つまり漠然としすぎて不安になり、迷いが生じ、何も実行できないのです。
もう一つの理由は、**「現状を数字で見ようとしないから」**です。そこにあいまいな感情を絡めるから、正しい出費か間違った出費か、判断がむずかしくなります。

そこで、私が家計再生のコンサルティングで実際に使っている判断方法をお教えしたいと思います。
この方法ならばすぐに現状を知ることができますので、ぜひあなたも紙とペンを手にしてやってみてください。

まずは、あなたの家計の収支を把握しましょう（1カ月単位）。

［収入面］
あなたの「手取り」での収入はいくらですか？
ご夫婦で働いているような場合は、合算してください。

・手取り収入　…………　**円**

［支出面］

1カ月間生活するのに必要な各支出を計算してみましょう。
ざっと項目をあげると、

・住居費（家賃もしくは住宅ローン返済額）…………円
・食費…………円
・水道光熱費…………円
・電話代…………円
・生命保険料…………円
・自動車関連（ガソリン、保険料、ローン返済額）…………円
・教育費…………円
・被服費…………円
・医療費…………円
・交際費…………円

・生活日用品　…………　円
・交通費　…………　円
・娯楽費　…………　円
・嗜好品（酒やタバコ）　…………　円
・こづかい　…………　円
・理美容室、化粧品　…………　円
・その他雑費　…………　円

きっちり1円まで計算する必要はありません。だいたいの数字でけっこうです。

※支出計算時の注意：借金返済分（クレジットカードの支払いや消費者金融などのキャッシング）は支出には含めないでおいてください。ただし、住宅と自動車のローンについては固定費として含めて計算してかまいません。

1カ月における収入と支出の金額が出たら、引き算（収入－支出）をしてください。例をあげてみます。

Aさんの場合
収入21万円（手取り）－支出18万円（借金返済分を除く）＝差額3万円

この差額で判断してみましょう。つまり、差額分のうちどれほどクレジットカードなどの返済にまわっているのかで借金の良好度を探るのです。

差額なんて出ない、マイナスになったという赤字家計の方は、現状では借金を返すのは無理です。カード類をますます利用する生活になるでしょうから、利用はストップしてください。

この計算は、1カ月生活するのに必要な固定支出を見定めるために、現代では当然のようになった借金（カード払い）をわざと除いて算出しています。マイナスになるなら、収入の範囲内で生活できるよう考えることが先決なのです。

さて、それでは差額がどのような状況ならば良好だと判断できるのでしょう？

目安として、**差額の30％以内がカード類の返済なら、まずは合格**といえます。

逆に、**70％以上が返済にあてられているのなら、まずい状況**です。

先ほどのAさんの場合ですと、差額の3万円のうちカード払いが9000円以内（30％以内）なら問題ない範囲と見ます。ですが、2万1000円以上（70％以上）がなくなっているのなら、利用の仕方や家計面に懸念を抱くべきです。

もちろん、カード返済額だけで一概に良し悪しは判断できませんが、ほとんどの場合、この使用金額の法則が当てはまります。

結局、カードにどれぐらい頼っているか（カードへの依存度）が、家計を左右するのです。

［クレジットカードで生活費を払っている場合は？］

とはいえ、先ほどの算出方法を単純に当てはめられないケースもあります。

今の時代、クレジットカードを利用することが一つの節約術という考え方もありますね。

おトクに買い物ができる、ポイントが貯まる、利用記録が残るから便利、などの理由から、クレジットカードで支払いをする方は大勢います。

その場合、そのまま計算してしまうと極端に支出が少なく、クレジットカード返済が多額になってしまいます。多少面倒ですが**カード支払いになっている支出（食費や被服費、携帯電話代など）を、実際の支出部分に戻して計算してください。**

カード払いしている固定支出の部分を現金会計に戻すなど、**調整計算をしても、毎月差額の70％以上が返済へまわっている人は、家計の収支バランスを疑ってください。**お給料が少ないから仕方ないと当たり前のように感じたり、あきらめたりしてはいけません。

差額から判断するこの方法であれば、「何とかやれる！」とか「お金はないけど無理やり貯めるしかない……」などといった**精神論でなく客観視ができます。**生活していくための金額を調べ、書き出し、自分で計算してみることにより、クレジットカード払いなどでよく見えなくなっている支出が把握でき、**ありのままの家計を知ることができる**のです。

そのためにも少なめに書いたり、今後の理想（目標額）で計算したりしてはいけません。誰に見せるわけでもないのですから、ありのままの現状を書き出してくださいね。

それに、不透明なものが浮きぼりになると、新たな発見に出会えます。

「私はいつのまにか企業の搾取争いにのみ込まれていたんですね……」

先日私のところにいらしたお客さまの言葉ですが、とても印象に残っています。

多くの人は、このように数字を使って判断してみようとする実行力が欠けているように思います。貯金ゼロあるいはマイナスの現状を今後どう変えようかといった検討は、この書き出す作業をなくして始まりません。

本当にこの家計でいいのかな？　と疑い、あなた自身を見つめることが第一歩です。

貯金がゼロ、あるいはほとんど貯められない、いつもお金に余裕がないという実感があるなら、間違いなく家計バランスがおかしいのです。だったら、変えればいいだけです。家計を味方につけ、豊かになっていろいろな選択肢を持てるようになってほしい。それが、私の願いです。

COLUMN

貯金生活の強い味方　ブランドデビットカード

クレジットカードは便利ですが、綱渡り生活のツールとなっているのなら、いっそのこと捨ててしまい、借金とならないカードを持ってみてはいかがでしょう。

私もつい使ってしまうので、自衛することにしました。クレジットカードは一枚も所有していません。使いすぎや節約にしっかり役立つ、「あるカード」だけで決済をすませています。

それが、「ブランドデビットカード」です。

世界的なブランドである「VISA」や「JCB」の利便性と、預貯金残高内で即時決済が可能な「デビットカード」を融合したカードです。

■通常のクレジットカードの流れ

クレジットカードで買い物をする　↓　後日請求され指定口座から引落しに（完済されるまでは自分の物ではない・借金になる）　↓　使いすぎて返済が大変に⁉

＊代金は後払い

■ブランドデビットカードの流れ

指定口座にお金を入れておく　↓　カードで買い物をする（指定口座の残高内で）　↓　即時決済のため借金ではない。今後の返済の心配要らず！

＊代金は今払う

その他の特徴

・15歳以上の未成年でも無審査で作れます。

・利用限度額なし。設定された信用枠はないため、入金されていれば500万円の自動車だって決済が可能です。

・分割払いはできません。

このように概要は通常のクレジットカードとは全く異なるのですが、お店やレストランなどではクレジットカードと同じように使えます。

ちなみにデビットカードは2000年ごろ誕生した、銀行やゆうちょ銀行のキャッシュカードで買い物できるというシステムです。即時決済で預貯金からショッピング額が引かれるものです。

そのデビットカードに「VISA」や「JCB」をつけることにより、カードの利便性が大きく飛躍しました。加盟店は幅広く、24時間利用可能、暗証番号の入力不要、ポイントではないが年に一度、利用状況に応じキャッシュバックもされます。このようなデビットカードの特性により、「無審査」で作れます。

VISAやJCBのブランドがついているため、クレジットカードのように使えるのはもちろんのこと、海外での身分証明や保障にも一役買ってくれるのです。他にインターネット決済も可能ですから、ネットで本だって、これで買えます。利用すると確認メールが届くシステムもあるという、優れものです。

何よりもクレジットカードのように使えるのに、〝借金ではなく、自分のお金の範囲内で使える、使いすぎる心配がない〟ということが最大の魅力だと思います。

お金を貯めたいなら、今後はクレジットカードを頼りにしない現金主義が一番です。しかし大金を持ち歩きたくないなど、どうしてもカードが必要な方はデビットカードを持ってみるのもいいでしょう。

CHART. 3

明日から変われる！
貯金体質トレーニング

貯金ゼロ体質はかならず治せる！

私ごとで恐縮なのですが、私は糖尿病を患っています。発見された当初はけっこうな重度でしたが、現在ではうまくおつきあいをさせていただいています。

両親がともに糖尿病で、私自身が比較的若いころ（32歳）での発症であったため、遺伝の要素が強いなどとも言われましたが、仕事の都合で不規則な食生活が続き、運動らしいこともしていませんでした。お酒も好きですし、飲むといつにもまして食べる……そんな生活を続けていたので、いってみれば自業自得なのです。

ある日、私は自分の治療経験から、ふと気づきました。「貯金体質になること」と「（糖尿病などの）生活習慣病の治療法」の取り組み方は、とても似ているということに。

貯金体質になるためには、これまでの家計管理の視点を変えなければなりません。日々のお金の動きや、家計全体の収支バランスをある程度把握することからさまざまな対処法を見いだしていきます。

糖尿病も同じで、これまでの生活を振り返り、血糖値などを把握していくことから始まって、食事や運動といった適切な対処法を見すえていくのです。

納得できないまま制限をしていたら、ストレスがたまりイヤになるところもそっくりです。ですから、私は依頼者の方に対して、何がなんでもきっちり家計簿をつけて、１円の狂いもなくムダをはぶこうとする指導はしません。生活の負担とならないよう、工夫して楽しみながら続けていける管理法をいっしょに考えていきます。

ほかにも、次のようなことが生活習慣病の治療と似ているといえます。

- **定期的に刺激してくれる主治医（見張り役／コンサルタント）が必要。**
- **軽度のうちに発見・自覚し、向き合ったほうが治りやすい。**
- **一度まずいと気がついても、生活習慣を変えるための仕組みや気持ちが持続しないと**

何度でも繰り返す。

・本人の受取り方しだい。上手に、明るくつきあえる。

糖尿病の良好度を見る指標に、ヘモグロビンA1cというものがあります。ここ1カ月間の平均血糖値などを判断できるものです。つまり検査日直前の数日間だけを気をつけたところでごまかせるものではなく、1カ月間がどのような生活だったのかを推測できてしまう恐ろしい（!?）値なのです。

つまりお金の管理でいうところの、家計簿のようなものです。私は家計簿を見れば、その人のいろいろなことが分かります。お金の管理に自信がない人からすれば、それが怖いのと同じなのかもしれませんね。

脱線しましたが、「貯蓄体質になること」と「生活習慣病の治療」は、自己管理という部分で非常によく似ているのです。

90日貯金プログラムは一度終われば、またすぐ始めてもいいですし、生活環境や気持ちをいったんリセットするために少し休み、状況を整えてから取り組むのもOKです。

大切なのは、またやってみようと思う気持ちで、1回きりの成果を出すことではありません。**繰り返すことでコツをつかみ、ムダや労力をはぶけます。**一見つまらない数字を使って、自分を楽しくコントロールすることが可能になっていくのです。

素直な気持ちでお金に接しながら生活をすると、必ず成果を感じられます。お金を貯める、生活や生き方を変えるのに、特殊能力など不要です。自分の力で変えられます。アメリカのサブプライムローンに端を発した大不況の今だからこそ、FX投資や投機など、一見刺激的なお金の増やし方をまねることがいかにバカげているのか、そろそろ気づかなければいけません。

人生は長期戦です。

一時的に増えた、貯められたとしても、それが長続きしない手法ならば、愚策なのです。今すぐお金にレバレッジをかける（資産運用などでお金を増やす）必要はありません。**自分の気持ちにレバレッジをかけることが最優先なのです。**

絶対にブレない軸を持つ

貯金体質になるうえで、大切なのは、あなた自身の価値観です。

2章の「マネー性格診断」で、5つの固定支出（携帯電話代・借金・生命保険料・交際費・嗜好品代）を取り上げて性格診断をしましたが、それはあくまで私の重視する価値観であって、あなたの価値観ではありません。

依存心が強くても、意志が弱くてもいいのです。人生を生きるうえでの価値観や意見は自分自身で作っていくものなのですから。

思いがなければ、あらゆることに流されつづける人生になってしまうでしょう。これからめざす自分を形づくっていくため、慣れ親しんでしまった価値観を変えていくためにも、自分の軸を持つということが必要なのです。たとえば、こんなふうに。

・クレジットカードでの買い物は借金になるのは分かるけど、やっぱりポイントや割引をおトクに使いたい。
↓　手数料のかからない一回払いでだけ利用し、使った分現金から差し引く。
・ケータイくらいは息抜きで自由に使いたいし、友達とはいつもつながっていたい。
↓　その代わりに、飲み会の回数を減らす。

最近、若い世代で「車離れ」が進んでいますね。使いたいときはレンタカーを利用すればいい、といった意見をよく聞くようになりました。
車を持つことが一種のステータスだった時代もあったのですが……。それらも一つの価値観であり、自分の軸と言えます。

すべてを満たそうとすれば、すべて達成できなくなるおそれがあります。

私たちの生活とは「家計」という一つの袋に、限られた収入が毎月入り、そこからさまざまな項目に支払われていく、その繰り返しでできています。袋のなかのお金を取り出すときに、何も考えずにあれもこれも出していては、中身が足りなくなるのは当たり前。まるで子どもです。

同じくらいの収入であっても、堅実に貯めていく人と、いつも使いきって時には借金まで作ってしまう人がいるのはなぜなのでしょう？　何度も何度も100万円単位のお金を貯めることができる人がいるのはなぜでしょうか？

その差は、自分の軸があるかないかなのです。

自分軸を作り上げるためにも、ぜひとも知っておいてほしいことがあります。お金の使い方には、3つのタイプがあるということです。

次の項目で、説明しましょう。

「消」「浪」「投」で使い方をイメージしよう

前の項目で申し上げたとおり、お金の使い方には、「消費」「浪費」「投資」の３つに分けられます。「消（ショウ）」「浪（ロウ）」「投（トウ）」と覚えるといいですね。


【消費】

生活するのに必要なものの購入や、使用料としての支払全般をいいます。生産性はさほど伴わないものです。

例：食料や住居費、水道光熱費、教育費、被服費、交通費など。


【浪費】

生活に必要でないもの、今をひたすら楽しむためなどの、無意味な使い方のことを指します。いわゆるムダづかい。もちろん生産性もない使い方です。

「消・浪・投」をいつもイメージ

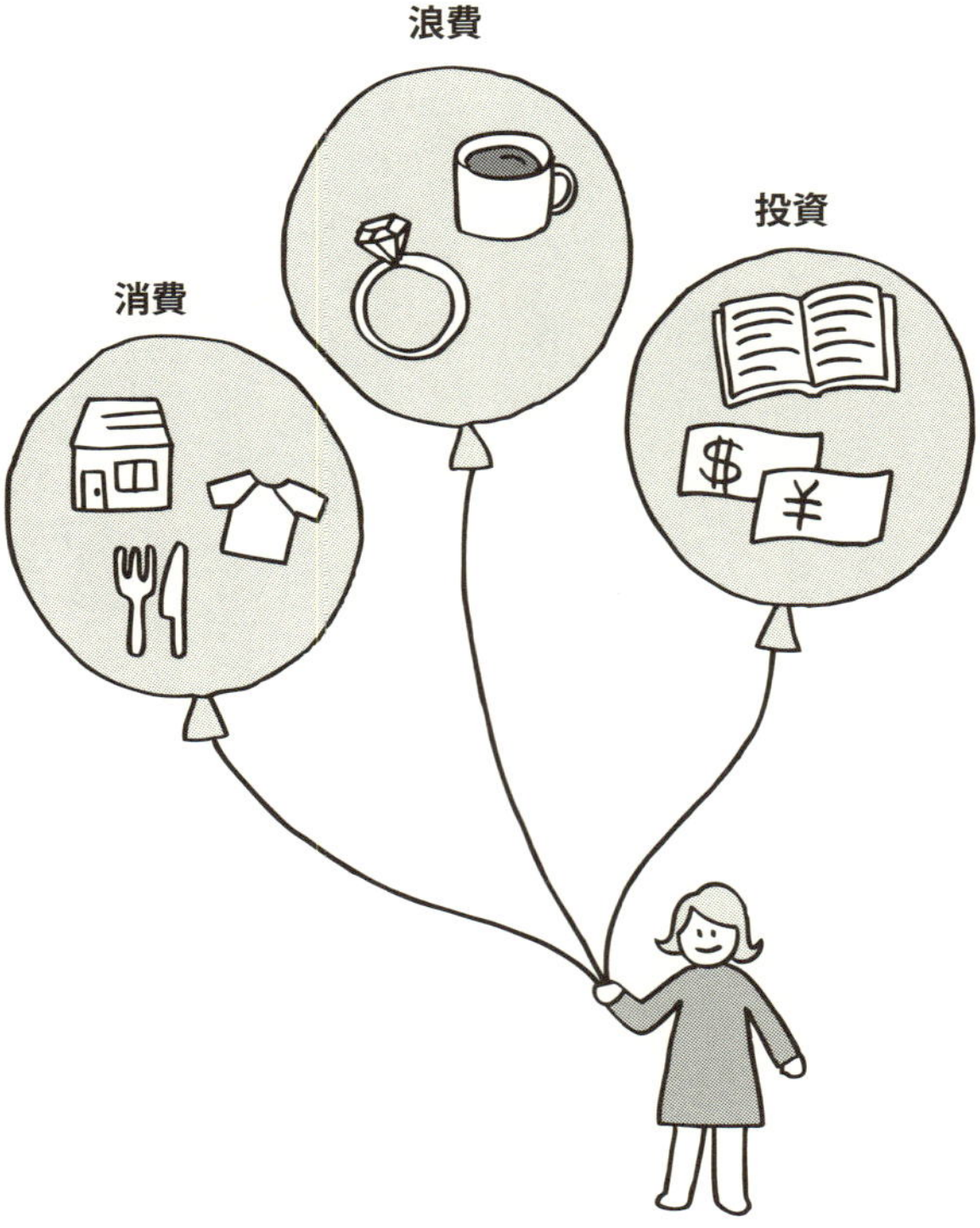

例：嗜好品（タバコやお酒、コーヒー）、程度を越えた買い物やギャンブル、固定化された高い金利など。

【投資】

必ずしも生活に不可欠なものではないのですが、将来の自分にとって有効につながる生産性の高い使い方。投資信託や資産運用のことだけを指すのではなく、何かを学ぶ、本を読むなども、これに当たります。生産性が伴う点で消費とは対極にあります。

例：習い事、本代など学ぶための費用、投資信託、貯蓄など。

以上が、基本の定義です。

お金を使うときには、この3つのどれに当たるのかを考えながら使うようにしてみてください。

今後減らしていただきたいのは、まず「浪費」の部分。

そして、必要以上にかたよった「消費」の一部です。

私は、家賃や光熱費など必要最低限の「消費」をダメとか、「投資」はムダになるかもしれないからNG、なんてアドバイスはしません。バランスよく消費し、自分への投資はむしろ積極的にしてほしいと思っています。そうすることによって、実生活に変化が生まれ、人生が少しずつ豊かになっていくのです。

「お金はとにかく使わないことがいい」とする極端なとらえ方だけはやめましょう。

何でもかんでもお金を使わないようにするのでは、単なるケチな人になってしまいます。貯金できても、人としての魅力や信頼を失うのでは、寂しい人生ですからね。

さて、次の項目では、あなたの出費が「消費」「浪費」「投資」のどれに当たるのか、具体化させていきましょう。

「いくら」より「何に」を見える化する

これは消費？　浪費？　投資？
お金を払うとき、まずはそんなふうに自分に質問してみてください。

はじめはすぐに判断できないこともあるでしょう。ですが、3カ月（90日）もすれば、反射的にわかるようになります。お金の役割や使い方を脳と体に刻みつけるための、大切な習慣です。

食べ物でいえば、それがどのような栄養素を含んでいるか（炭水化物・たんぱく質・ビタミンなど）を意識することと同じです。おいしくておなかがいっぱいになればいいや、という考え方もあるでしょうが、少しでも健康やダイエットに関心があれば、栄養を気にして食べますよね。

お金だってそうです。毎月何とか生活できて、楽しかったらよしとする感覚ではなく、支出に対する意識が、これからのあなた自身を形成していくことになるのです。

食べ物によって体ができあがっていくように、使うお金によっても、あなた自身は作りあげられていくのです。

自分の出費がどの項目にあたるかを知るには、見える化する必要があります。そのためには、「家計簿」を使いましょう。お金の流れや収支を把握するために家計簿はとても有効ですが、そのなかの支出欄に着目し、各項目を「消費」「浪費」「投資」に分けてみてほしいのです。

家計簿をつけたことがない人でもだいじょうぶ。気張らずに、できるだけ簡易タイプのものを用意して（ノートで自作してもＯＫ）、支出を見ていきましょう。

まずは2章であげた支出項目（住居費、食費、水道光熱費、電話代……）を、あなたなりに「投資」「消費」「浪費」の3つに分けてみましょう。

ここで「住居費は消費」、「交際費は浪費」というようにそれぞれの支出項目を完全に消費、浪費、投資と区分けしてしまわないのには理由があります。

たとえば、交際費が「浪費」にあたる人もいれば、仕事の人脈を築くための「投資」ととらえる人もいるでしょう。決まりきった消費項目等は別として、人によってその区分けが異なるからです。

自分の軸、価値観を持つことの大切さは先にもご説明したとおり。ですから、ぜひご自分で判断してみてください。

とはいっても、練習は必要ですよね。

たとえば家賃や水道光熱費、生活日用品、医療費といった項目は「消費」となるでしょうか。

タバコやコーヒーといった嗜好品や、競馬やパチンコなどのギャンブル、ＦＸ投資のような投機性の強いものは「浪費」。貯金は将来の自分につながる「投資」ですね。

いかがでしょう？　みなさん、だいたいイメージできるのではないでしょうか？

［同じ項目でもモノサシを使うと……］

さてここからが、ちょっと応用。

同じ項目内であっても内容は分かれることがあるのです。


携帯電話代は、生活や仕事に使っている部分は「消費」ですが、過度のメール送受信やサイト閲覧部分は「浪費」です。

食費も基本部分は「消費」ですが、外食はもしかすると「浪費」かもしれません。これから起業しようとか、新たな知り合いを増やしたい、とか将来につながる目的があるなら「投資」にもなるでしょう。

旅行も単なる娯楽だから「浪費」というふうには言いきれません。自分を豊かにするための「投資」にあたることもあります。


このように同じ項目であっても、複数に分かれてもいいのです。また自分の価値観での判断で結構です。それで十分、お金が貯められる体質作りへとつながります。

食費　　4万7000円

消費　4万円（自炊を含む毎日の食費）
浪費　7000円（毎日のコーヒー＆おやつ代）

交際費　1万3000円

浪費　8000円（会社のグチで朝まで飲み明かす）
投資　5000円（先輩と飲み、仕事のアドバイスをもらう）

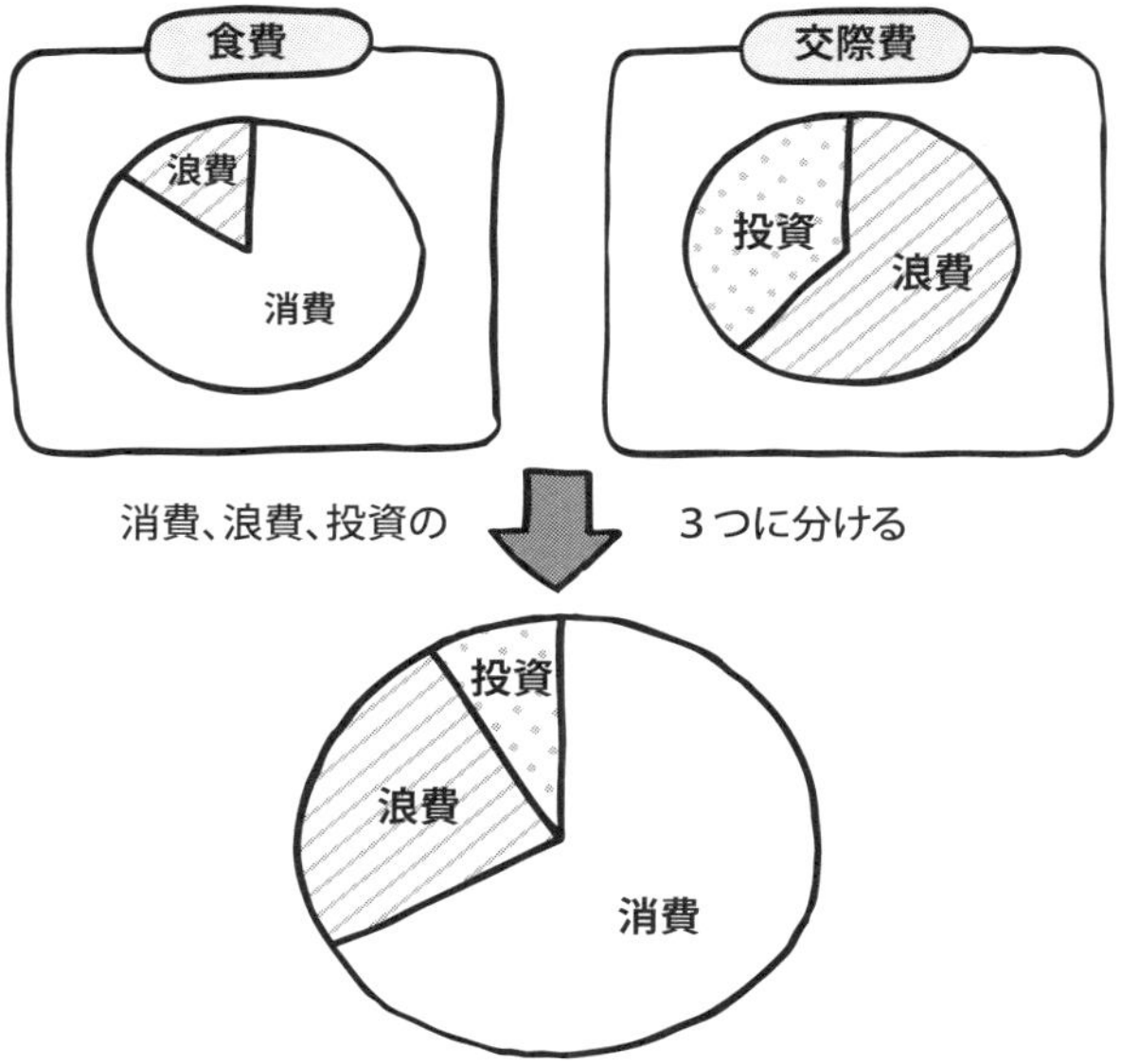

要するに、〝いくら使ったか〟より、〝何に使ったか〟が大事なのです。

家計簿の目的は、細かなお金の出入りを把握するためではないのです。**お金の使い方や流れを知ることにあります。**そして、もっと言うと、消費・浪費・投資の3つの割合（バランス）を自分で分かるようにするためなのです。

そうすることにより、食費や住居費、こづかいといった項目の枠組みは取っ払われ、「消費」「浪費」「投資」の3種類での使用合計額が浮きぼりになります。ちなみに、使わなかったお金は貯金として「投資」に入れましょう。

たとえばそれが、次のような結果になったとしましょう。

- **消費　16万5000円**
- **浪費　2万5000円**
- **投資　2万円**

より適切に把握するため、3種類の内訳が支出全体のなかでどれだけの割合を占めているのかを計算します。計算方法は簡単です。

「各項目（消費、浪費、投資）金額÷支出合計」です。

では、実際に数字を当てはめて計算してみましょう。

消費は16万5000円÷21万円で0・785…。

つまり毎月の支出のうち78・5％が消費となっているわけですね。

同様に、浪費は約12％、投資は9・5％という支出比率が分かります。

あなた自身の数字も当てはめて計算してみてください。

消費（浪費／投資）金額 ÷ 支出合計

㊀消 16万5000円÷21万円 → 78.5%

浪 2万5000円÷21万円 → 12%

投 2万円÷21万円 → 9.5%

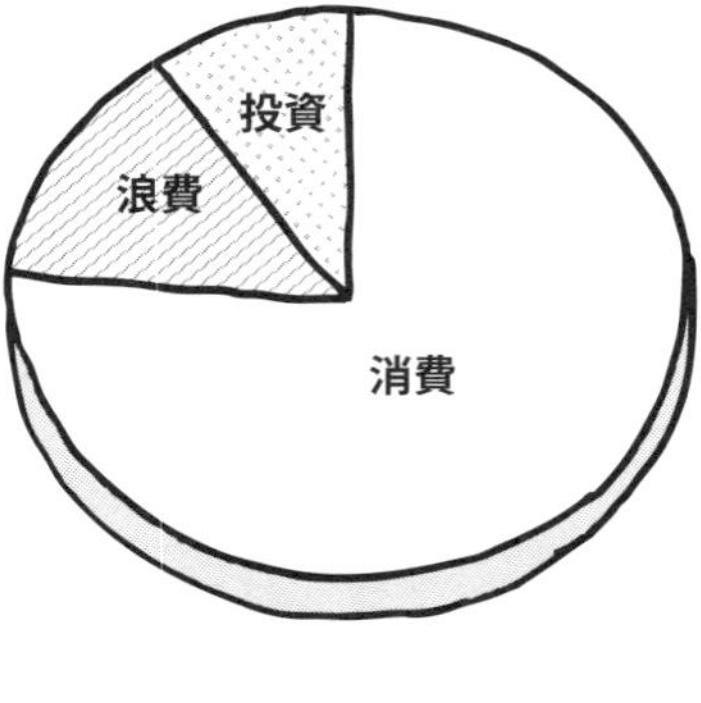

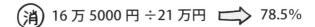

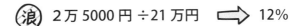

ムダな「浪費」は「投資」に変えて貯金力アップ

今の時点での支出を100として、「消費」「浪費」「投資」と分け、支出全体に占める割合を確かめましたね？　一度だけやって満足してはダメですよ。

よりよく変わっていきたいなら、とにかく続けて、毎月の変わりようを意識していきましょう。たとえば、次のページのような変化が理想的です。

貯金も含めた「投資」は増やす傾向。その分を捻出するために**「浪費」はひたすら減らしましょう。**生活するのに必要な**「消費」さえ、減らすことはできます。**浮いたお金は一部を投資へまわすことも可能でしょう。

先ほどの交際費の例でいうと、意味のない浪費部分に費やしていたお金は8000円もあります。1カ月後、そこが「見える化」されて気づくことが大切なのです。

割合がどんどん変わっていく！

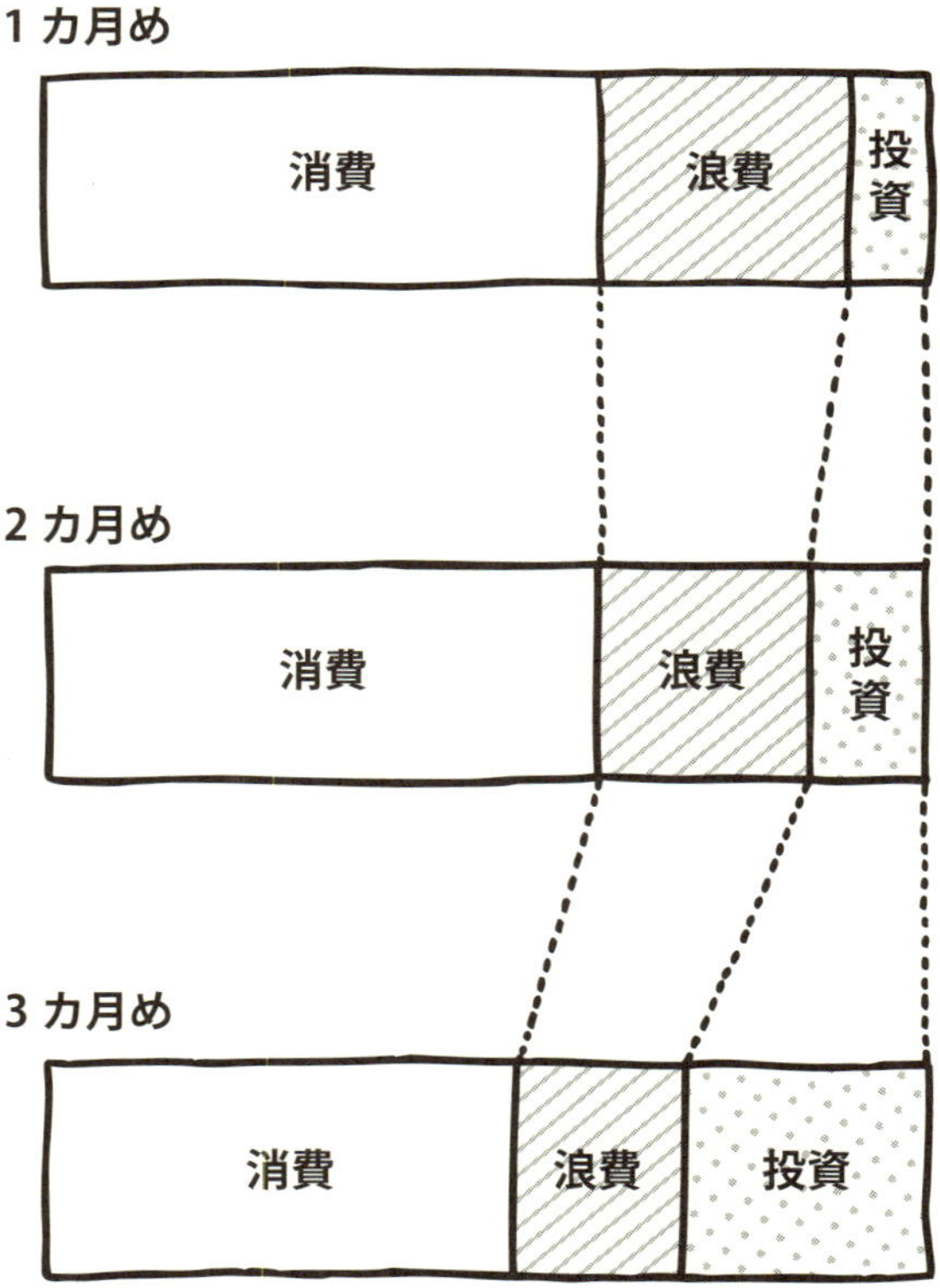

ムダな使い方だと気づいたら、すぐさま「投資」に変化させましょう。

たとえば、健康維持のため、その8000円でスポーツジムに通う、などもいいですね。勉強のため、英会話スクールに通うのもいいでしょう。

このように3つに分けて知ったお金の使い方を、毎月意識してみることが何より重要です。それが、投資を増やし、浪費と消費も減らす最大のコツともいえるのです。

私は生活がうまくいっていない方の相談に乗ってきましたが、どの赤字家計もほぼ2つのパターンに分かれます。つまり、

① 消費と浪費のみ

② 消費と浪費がほとんどを占め、投資はほんの少し

というパターンです。このパターンで支出が成り立っている家計は、貯金どころかいずれ破綻するのです。

私の依頼者の方たちは、３つの項目ごとの割合を知るという新しいモノサシを手に入れることで、これまでの自分の常識を疑いはじめます。そして、**使い方の中身について初めて意識できるようになるわけです。**

１円をケチる支出意識よりも、お金を何にどう使うかによって、人は変わっていきます。ですから私は、支出額が20万円であろうと40万円だろうと、まずは支出全体を１００とし、**金額ではなく、支出比率を大切にする**のです。

金額は家計簿に書き込めばＯＫ。まずは新しいモノサシを使うことが第一歩です。貯金力が格段にアップします。

新しいモノサシによって使うお金を分析すると、必ず突破口が見えてくるのです。

家計の25パーセントは「投資」に

消費・浪費・投資のモノサシでお金の使い方を分け、一定期間続けること。

これは、依頼者の現在と今後を変えていくために私が実務上で使用して、めきめきと成果があがっているやり方です。

① どんなお金の使い方をしていて、今後どう変化させていきたいか判断ができる
② 貯金力のアップ

に確実につながります。

では、どのような変化や成果をめざせばいいのでしょう？

実は、ゴールに決まりはありません。なぜなら、人はそれぞれめざすところが違うからです。つまりゴールも違って当然なのです。

お金が貯められない過去の自分を省みて、「これからは投資（貯金）を25％を占めるようにしたい」も正解ですし、「とにかく浪費が投資の割合を上回っている現状をひっくり返したい」という分かりやすい目標でもいいのです。自分なりの目的を持って取り組んでみてください。

そうはいっても基本的な目安がないとむずかしいかもしれませんね。

わたしは依頼者の方に、次のような数字を提案しています。

［消費・浪費・投資の理想の目安］

- **消費70％**
- **浪費5％**
- **投資25％**

浪費はゼロ、が理想なのかもしれません。ですが、ぎすぎすしないで、時にはムダも許容することが成果につながります。そしてもう一つ、**自分への投資を25％と設定すること**

も大切です。20％で満足するのではなく、25％をめざすのです。

この割合やルールは、私が現場で、お金との付き合い方が上手だなあと感じる人の実践値をもとにしています。つまり実証済みの数字です。

数カ月もすると、お金の使い方に明らかな変化を感じられるでしょう。単に支出を控えるのではなく、お金の使い方がすべてであることを実感できるはずです。

一つの支出を長いスパンで考える

生活するために必要な「消費」を必要な分だけ消費し、「浪費」を減らし、「投資」にまわすことを続けると、大きな違いが生まれてきます。他人と比較する必要などありませんが、比べたとしたらその差は歴然です。継続すればするほど、大きな果実を実らせることになります。

浪費割合が全体の23%を占めている人が、10%下げて13%になったとしましょう。その10%はその人の収入によっても額は違いますが、手取り収入25万円の人であれば2万5000円となります。これが3カ月、半年、1年で換算すると7万5000円〜30万円もの違いになります。10%までいかなくても5%の変化でも1年経つと、15万円です。たとえ収入がいくらであっても、継続することにより大きな成果へと育っていくのです。

　こういった小さな努力を甘く見る人は、この差のすごさに本当の意味で気づいていません。理屈では分かっているつもりですが、体験がないため、実感がわきません。結局、現実には実行・継続できないのです。要するに、**お金をなめてかかっている**のです。

　やれば変われる、変えられるということを、実際にがんばっている人は分かっています。だから続けられるのです。また努力を「続ける」ことは、ちょうどいい負荷となって、本人の精神的な成長がスピードアップします。

　ほどよい負荷をかけると、貯金力はどんどん伸びます。なんだか筋トレと似ていますね。ぜひ楽しんでみてください。

　それから、たった一つの支払いであっても、貯金力を高めようとしている人は支出のとらえ方が違います。

　たとえば、こんなふうに。

■支出は長ーい目で考える

・小学6年生の娘にケータイを持たせよう。月4000円だし。↓　NG！
・月4000円だと、高校卒業までの6年間で20万円近くかかる。↓　OK！
・不安だから余分に安い生命保険（月5000円）に入っておこう。↓　NG！
・月5000円なら、10年加入で60万円か……慎重になろう。↓　OK！

月単位ではなく、もっと長いスパンで支出をとらえるクセをつけましょう。

もう一つ、分かりやすい例をあげてみます。

■ **どっちがおトク？**

Aさんは、600円の雑誌を定期購読にしました。定期購読はまとめて前払いすると、本来2万5000円かかるのに、年間5000円安くなるからおトクと考えたのです。

Bさんは、定期購読は確かに割引になるけれど、1年間での支出は2万円になる。固定支出にするのではなく、「600円×必要なとき」に買おうと考えました。年間20冊買ったとしても600円×20冊＝1万2000円。ずいぶん違いますね。

もちろん絶対に必要なものなら、Aさんの選択でいいでしょう。1年といわず、もっと割引率が高い2年や3年での定期購読も賢い方法です。

しかし、そうでない場合は、安易なおトク感に引っぱられないでください。いつも当たり前のように届くと貴重性さえ薄れ（つまり、読むのがめんどうくさくなるということですね）、ますますムダ＝浪費になってしまうかもしれません。

この定期購読のケースのように、**支出を固定させることは、一見便利でしかもおトクに**

見えます。でも、不必要なときにまで支払うことを約束するわけですから、慎重にならないほうがおかしいのです。

また、支出を固定させるということは、その分の収入を確実に失う＝収入ダウンということでもあります。

やはり、「ムダにお金を使わないことによる収入アップ」が最も現実的で、最も即効性のある手段なのです。

それに、多くの人たちが気づいていないのはもったいない、としみじみ思います。

CHART.4
90日プログラムで貯金力を10倍アップ

強い気持ちでまずは「実行」

ここまで私が提案してきたやり方や考え方を頭で理解するだけでは、「貯める」には十分ではありません。

強い貯金力を身につけるためには、まず「実行」です。実践することで、たとえば「3カ月で10万円貯まった！」というような具体的な効果を感じることができ、その成果（10万円）が続けるための原動力や自信へとつながります。

ここまでお伝えしてきたやり方を一つ、そしてまた一つとこなしていくことでも悪くはありません。ですが、これまでのことをベースにして、最大限に効率よく貯金力をつけたいところですね。

そのために、

① 実行する期間を定める（理想は90日）
② 目標や願望、やりたいことをハッキリ意識する

この2点がキモになります。

一生モノの貯金力を身につけようとしているのに、期間を定めるなんて、矛盾しているように思われるかもしれませんね。でも一過性で終わるという意味ではなく、一定のスパンを定めることにより、これまでの自分と比較できます。それを改善の材料にして、スムーズにお金を貯める習慣をつけられるのです。

1回ごとの変化を感じられるように、1年とか半年といった長い期間にはしないほうがよいでしょう。

②については、とにかく**ハッキリと意識する**ことが大切です。貯金できるようになる人はみな、目標の描き方が現実的なのです。

たとえば、お金を貯めていつかニューヨークに旅行したいなあ、と漠然と思っている人は、いつまで経っても行けません。私の経験から断言します。逆に、30万円貯めて、来年の4月に行くぞ！　とハッキリ決めた人は必ず行けるのです。

しかし、それだけではありません。達成上手な人に共通しているのは、**かなえたい気持ちが強い**ことがあげられます。当然といえばそれまでですが、希望を持って、夢も見て、かなえるための原動力を無理せず維持する――意外とむずかしいことですね。

つまりは、心の持ち方が大きく左右しているのです。目標や願望さえなければ、現実にできるはずがありません。願いや目標をハッキリと描き、いかに本気になれるかがスタート時のかなめとなります。

誰でも貯められる横山式90日貯金プログラム

実際に貯めるにあたっては、いろいろ挑戦してみてほしいことがあります。とても楽しいことばかりなので安心してください。その効き目は、現場で実証済み！

依頼者と私とで工夫しながら実践し、びっくりするほど高い成果を上げてきたものですので保証します。どうぞワクワクしながら行ってください。ワクワクすればするほどによい結果になるでしょう。名づけて「横山式90日貯金プログラム」です。

私が依頼者といっしょに実践するプログラムは、次の3つの時期に分かれます。

①取り組む前
②実行中
③終えてから

まず、「実行期間」についてお話ししましょう。

「90日＝3カ月」で実施しています。①変化を実感しやすい、②貯められなかったころの自分との比較がしやすい、という理由から、この90日間が最適という結論に至りました。

このプログラムは繰り返すことで効果が上がるのですが、その意味でも90日がベストです。さほど長くないので、次回への目標修正もしやすいですし、最初うまくいかなかったとしても期間内での挽回や調整も図ることができるからです。

スタート日は、収入が入る日、つまり給料日です（共働きで給料日が違う場合は家計のメインの収入となるほうに合わせてください）。

ゴール日は、3カ月後の給料日の「前日」です。

そのため、きっちり90日間である必要はありません。25日が給料日でも、その日が日曜で前倒しで支給されるのなら、23日がゴール日となります。

それでは、136〜137ページで、実際の家計相談の現場で私が実際に使っている貯金プログラム実践シートをご紹介しましょう。

まず、90日を1カ月ごとに区切り、3つに分けます。ホップ・ステップ・ジャンプといった感じですね。さらにその1カ月に、10日ごとに上（旬）・中（旬）・下（旬）の目安をつけます。

上の段には、期間中にこなす最小限の目標が載っています。下の段はあくまで記入例です。具体的なTO　DO　リストを記入する欄ですので、使うときは、あなたが好きなように書いてみてくださいね。

138〜139ページには、プログラムで心がける内容を載せました。随時確認しつつプログラムを進めてください。

＜90日貯金プログラム　ワークシート＞

1カ月目（ホップ）

①予算を立てる・家計簿を試算
②自分へのダメ出し
③貯蓄額設定・貯金箱
④借金リテラシーを学ぶ
⑤遊ぶ（月1日）
⑥本を読む
⑦支出のムダ探し
⑧欲しい物をあえて買わない
※結果報告会

START!

1の上（1-10日）　1の中（11-20日）　1の下（21-30日）

①□予算を立てる・家計簿の試算
②□自分のお金面のダメ出し
③□貯蓄額設定・貯金箱
④□借金リテラシーを学ぶ
⑤□趣味・好きなことで1日つぶす
⑥□読書
⑦□固定支出のムダを探す
（ケータイ、生保、食費・・・検討！）
⑧□欲しい物、必要な物、買わない
※□1カ月目の結果報告会&来月に向けて
○□……………
○□……………
○□……………
本人課題（自由）

（ステップ）

①予算の袋分け・貯金袋を作成
②家計簿をつけはじめる
③やることリストの作成
④遊ぶ（月2日）
⑤仲間や協力者を探す

2の上（31-40日）　（41-50日）

①□予算の初袋分け
（1カ月目をふりかえってチャレンジ）
・貯金袋も作成しお金を入れておく
②□家計簿をつけはじめる
③□やることリストの作成（ノート）
④□趣味・好きなことで2日つぶす
⑤□協力者や仲間は誰かを考える
⑥□お金の増やし方、稼ぎ方を知る（お金の勉強）

2カ月目

⑥お金の増やし方を学ぶ
⑦家のそうじをする
⑧ムダ支出の確認
⑨銀行で相手をしてもらう
※結果報告会

2の中

2の下（51-60日）

⑦□そうじ（トイレ、冷蔵庫、玄関・・・）
⑧□ムダ支出を目で確認する
⑨□銀行に行って、話を聞いてくる
※□２カ月目の結果報告会&反省
○□……
○□……
○□……
右と同じ

３カ月目（ジャンプ）

①予算の袋分け
②メンターを探す
③お金の使い方を他人と比較
④不要な物を売る・捨てる
⑤遊ぶ（月3日）
⑥得意なことで誰かよろこばせる
⑦欲しい物を買う（お金を使う）
⑧銀行へお金を預けに行く
※結果報告会

GOAL!

3の上（61-70日）

①□予算の袋分け
②□メンターを探す
③□お金の使い方を他人と比較
④□不要な物を売ったり、捨てたりする

3の中（71-80日）

⑤□趣味・好きなことで3日つぶす
⑥□得意なことで誰かをよろこばす、助ける、教えてあげる
⑦□欲しい物を買う
⑧□銀行にお金を預けてくる
※□３カ月目の結果報告会&総ふりかえり

3の下（81-90日）

○□……
○□……
○□……
右と同じ

（メンタル関係）

・私のついつい病、ダメ出し、なおしたいところ

〔もうけ話にめっぽう弱い
食べ物に弱い、お酒を飲むと気前がよくなる
かたづけができない〕

・私のメンター ＿＿＿＿＿＿＿＿＿＿

・大切にしたいこと、宝物 今 ，チャンス，家族

・今の自分のイヤ度

許せる・ぼちぼち・生まれ変わりたい

・90日後のあなたは?

まだ嫌い・少しましになった・ほめてあげたい

・90日間で一番

よかったと思うこと ＿＿＿＿＿＿＿＿＿＿

後悔・失敗だと思うこと ＿＿＿＿＿＿＿＿＿＿

※預貯金

現在　8万円 ⇨ 90日後の目標 20万円 結果 ＿＿＿＿ 万円

※私の目標

お金を使って、もっともっと人の役に立つ人になりたい!!

※毎月の収支表［現状予定］

・収入（手取） ＿＿＿＿＿ 円

・支出

家賃 ＿＿＿＿＿ 円
食費 ＿＿＿＿＿ 円
電気 ＿＿＿＿＿ 円
水道 ＿＿＿＿＿ 円
交通 ＿＿＿＿＿ 円
Tel代 ＿＿＿＿＿ 円
服 ＿＿＿＿＿ 円
交際 ＿＿＿＿＿ 円
小遣い ＿＿＿＿＿ 円
○○ ＿＿＿＿＿ 円
○○ ＿＿＿＿＿ 円
ローン ＿＿＿＿＿ 円

支出　計 ＿＿＿＿＿ 円

収入－支出
＿＿＿円のあまりが出る予定

そこから
（ア） ＿＿＿ 円を貯蓄する!!

90日間（3カ月）で
（イ） ＿＿＿ 円貯める
［（ア）×３］

1年で
（ウ） ＿＿＿ 円
［（イ）×４］＋［ボーナス分］

10年で＿＿＿ 円　［（ウ）×10］

※90日貯金プログラム

スタート日〜ゴール日（例：4/25〜7/24）
※オススメ　給与日スパンで

※私の節約ポイント

日々（＿＿、＿＿ をやめる!）→ 円

毎月の全体（＿＿＿＿ をやりくり）→ 円

合計で＿＿＿＿円を毎月浮かせる!

※借金・ローン状況

・Aクレジットカード残　12万円
・B　〃　18万円
○○　円
・車　ローン　60万円

年間払っている利息
合計90万円　→　14万5000円
（式：残金×金利品×○日／365）

※財産（お金以外）

本，恋人，写真（おもいで）

※お楽しみ

遊び方　１カ月め　映画観まくり
２カ月め
うまいラーメン屋めぐり
３カ月め
友人とBBQ、スポーツジム

欲しい物
デジカメ・バイク・ベンツ（中古ＯＫ）

お金を貯めたら、したいこと
ハワイでリタイア生活する!
お金を気にせず寿司を食べまくる

スタート日 ＝ 給料日

ゴール日 ＝ 3カ月後の給料日前日

今日は何日？　＿＿＿＿日

次の給料日は？　＿＿＿＿日　（実際の支給日）

（次の給料日がスタート日になります）

スタート日から

1カ月後の給料日前日　＿＿月＿＿日　（30日経過）　1回目の締め日

2カ月後の給料日前日　＿＿月＿＿日　（60日経過）　2回目の締め日

3カ月後の給料日前日　＿＿月＿＿日　（90日経過）　3回目の締め日

3回目の締め日 ＝ ゴール日

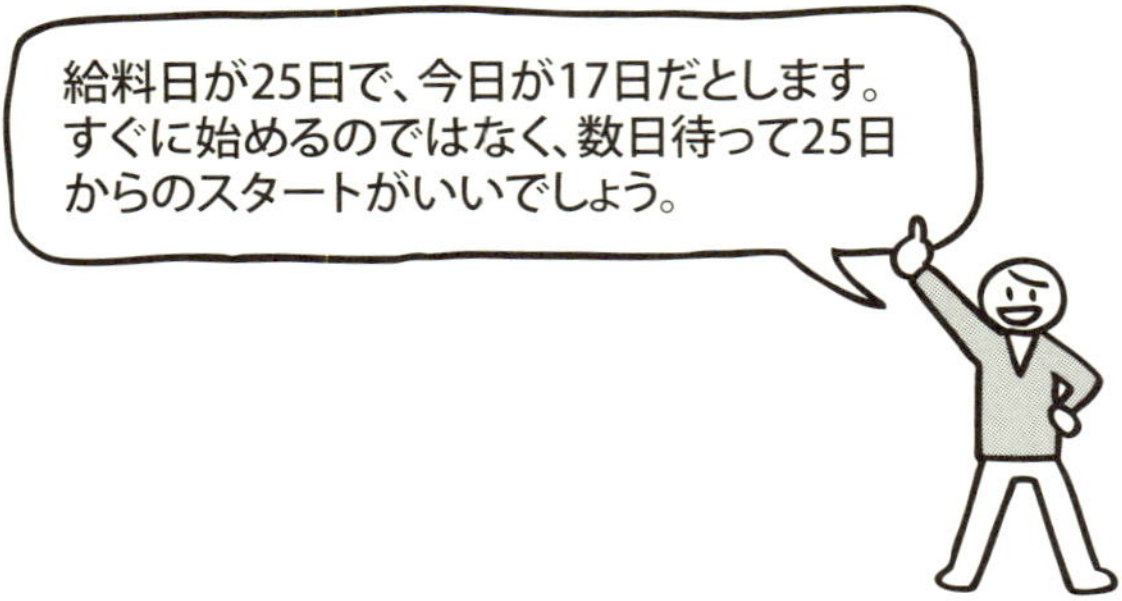

給料日が25日で、今日が17日だとします。すぐに始めるのではなく、数日待って25日からのスタートがいいでしょう。

プログラムに取り組む前にする4つのこと

それでは、いよいよスタートです。まず、プログラムに実際に取り組む前にすることは次の4つです。

①目標、願望をハッキリと具体化させる
②夢ノートと家計簿を用意する
③貯金箱と貯金用口座を用意する
④気がかりなことを書きだす

カンタンにできそうでしょう？　それでは、一つひとつ解説していきましょう。

① 目標、願望をハッキリと具体化させる

これからの90日間で、成しとげたいことや挑戦したいことを、具体的に掲げてください。金額目標だけではダメですよ。

達成できたら楽しいだろうと感じる、行動目標も含めて考えてください。新しい自転車を買うとか、旅行に行くとか、あなたらしい自由な目標設定でいいのです。

でも、「お金をたくさん貯める」といったあいまいなものや、「FX投資で働かなくていいくらい稼ぐ」といった、とうてい無理な願望はやめましょう。

目標として設定しておきたい項目は、次のとおりです。

A 貯めたい金額
B 使い方の内容の割合をどう変化させるか（消費、浪費、投資）
C 生活上、改善したいこと
D 挑戦したいこと

ですから90日間で、

A「12万円を貯める！」
B「現状の消費80、浪費10、投資10を→消費75、浪費5、投資20へ」
C「週4回のアルコールを2回以下に減らす」「帰宅後にだらだらとテレビを見ない。その時間を読書にまわす」
D「休日の朝には1時間ジョギングする」「映画を最低2回は鑑賞する」

というような具体的な目標を作ってみてください。

② 夢ノートと家計簿を用意する

目標や願望を、自由に書くことができる、**「夢ノート」を用意しましょう。**

特に決まりはありませんが、B5サイズの市販の大学ノートを使っている依頼者の方が多いです。

それと、家計簿を手に入れてください。書店に山ほど売っていますので、自分が使いたいと感じる家計簿と出会えると思います。選ぶ基準としては、できるだけシンプルなもの。

書き込む項目が少ないものでないと、面倒になってしまいますからね。

家計簿は、何にどれくらいお金が使われているのかという「お金の流れをメモしておくためのもの」程度のゆるいとらえ方で構いません。

ですので、**市販の大学ノートで自作してもOK**です。目標などを書く「夢ノート」と1冊にまとめてもいいですね。そのほうが目標を意識しながらお金を使うので、効果が出やすいともいえます。

・家計簿＋夢ノート、または1冊のノートにまとめる

食費であっても、肉や魚、お米代、外食、嗜好品などに細分化して記録できる家計簿もありますが、はじめからそこまで張り切らないでけっこうです。細かくつけたいのなら別ですが、几帳面にこだわりすぎることで、負担になり、続けられなくなってしまうのです。

家計簿をつけはじめると必ず「これはどの項目に入れたらいいの？」と迷いますから、

項目をたくさん作りすぎないようにすることも続けるためのコツなのです。

［パソコンより手書きが○］

また、きっちり管理しようとして、家計簿をパソコンでつける人もいます。傾向の分析などができていいのですが、かえって続かなくなるので、やめたほうがいいでしょう。

仕事で疲れて帰ってきてからいちいちパソコンを立ち上げるのは、確かにおっくうです。パソコンがさほど好きではなく、はじめて家計簿をつけてみようという人ならば、146ページの表を参考にしつつ、市販の家計簿または自作ノートといった「紙」でやってみてください。

③ 貯金箱と貯金用口座を用意する

小額であっても、日々の生活からお金をよけ、貯めていくという習慣は大切です。いちいち銀行に入金するまでもないような小銭は、貯金箱に入れましょう。

最近、人生銀行やイケメンバンクなど、楽しい機能のついた貯金箱が流行っていますね。そういったおもしろいものを購入してもいいですが、お金を貯めるための道具に安くはな

家計状況

（平成　年　月分）

（　月　日～　月　日まで）
給料日　　　　　日 / 手取り金額

収入		支出	
内訳	金額	費用	金額
給料（本人）	円	家賃（管理費などを含む）	円
給料（配偶者）	円	住宅ローン　（毎月）	円
給料（　　　）	円	〃　（ボーナス加算）	円
			円
自営収入（本人）	円	食費	円
自営収入（配偶者）	円	電気	円
自営収入（　　　）	円	ガス	円
		灯油	円
年金（本人）	円	水道	円
年金（配偶者）	円	電話代（固定）	円
年金（　　　）	円	〃（携帯電話）	円
		インターネット料金	円
児童手当	円	新聞代	円
	円	ＮＨＫ	円
生活保護	円	生命保険料	円
	円		円
他から援助	円	車のローン	円
（援助者：　　　　）		車の保険料	円
	円	ガソリン代	円
その他	円		円
	円	生活日用品	円
	円	医療費	円
	円	教育費	円
	円	交通費	円
	円	被服費（クリーニング代含む）	円
	円	交際費	円
	円	（交際費の内容：　　　　）	
	円	娯楽費	円
	円	（娯楽費の内容：　　　　）	
	円	その他（使途不明金）	円
	円	小遣い	円
	円	嗜好品（酒・たばこ）	円
	円	理・美容室	円
	円	化粧品代	円
	円	ペットえさ代	円
	円		円
今月の収入小計①	円	今月の支出小計②	円
前月からの繰越額	円	翌月への繰越額	円
収入合計	**円**	**支出合計**	**円**

※年収　　約　　　　万円
ボーナス、手当て等　月に約　　　万円　　今月の差額①ー②　　　円
（年　　回）　　　　月に約　　　万円

いお金を払うというのも矛盾を感じます。

だから何か貯金箱に使えそうな容器で十分です。入れたら壊さないと出せないものだとか、開閉しにくいものではないほうがいいでしょう。どれくらい貯まったのか、チェックして満足したいときもありますからね。

意外と評判がいいのが、インスタントコーヒーの空き瓶や梅干の瓶など透明の容器。見た目でも、手で持った重さでも、中身がだいたい分かるからです。


それから気分一新、新しく口座を開設して、貯金専用の口座を用意しましょう。

この口座には、90日貯金プログラムで貯めた分だけを入れてください。

効果を実感するため、今まで貯めていたお金とは区別しましょう。通帳の数字を見れば、一目瞭然。分かりやすいのでふりかえったとき、自信にもつながります。

④ 気がかりなことを書きだす

いま感じている不安を書きだしてみてください。一見、ネガティブな作業ですよね。私の会社でも、当初はやっていませんでした。しかし、ある依頼者の方が自発的にやっていらして、貯金と同時に不安を一つひとつ消化されていく様子を目の当たりにしたのです。

その後、これは多くの方に効果があることを知りました。あらかじめ気がかりな要素を意識することで、自分の問題点がハッキリします。したがって不安と向き合う姿勢が、自然と問題の解決を促すのでしょう。

また自分の内面にある不安、心の浄化、気持ちの整理になるということも分かりました。

たとえば、

「会社のデスク周りがぐちゃぐちゃだ。使いやすいように片づけたい」
「子どもと遊んでいない。もっとコミュニケーションをとろう。妻とも、もっと話そう」
「自分の仕事は評価されているのかな？　近く結果を出してやろう」
「何だか最近、楽しくないし、やる気もわかない。しっかり休んでみよう」

といった感じです。不安だけ書くのではなく、思いつく対応策も書き添えておくと、なおのことよいでしょう。「夢ノート」に、どんどん書き足してください。

プログラム実行中にする7つのこと

ついにプログラムがスタート。90日間でやっていただきたいのが、次の7つです。

①本を読む
②家計簿をつける
③新しいモノサシで使い道を把握する
④夢ノートに3行日記をつける
⑤クレジットカードは使わない
⑥借金を洗いだす
⑦自分との小さな約束をする

① 本を読む

現場で見ていると、お金を貯められない人には何かを知りたい、習得したいといった意識が薄い傾向を感じます。「お金」と「学ぶこと」には密接な関係があるのです。何かを意欲的に学ぼうとしない人は、お金に対してもネガティブなのです。

生き方までもが消極的ならば、大損をしています。あらゆるものに対する無関心や無気力、惰性、卑屈な姿勢が、結果としてお金を失わせるのです。少しずつでも行動を変えていきましょう。

おすすめは本を読むことです。お金に関する本でなくてもOK。

本には言葉があります。その言葉には、著者がこれまで経験して学んできた「考え」が凝縮して盛り込まれています。その体験や提案を生かしてもらおうという、著者の熱い思いが注ぎ込まれているわけです。その集大成を感じとれる読書は気軽な「学び習慣」です。

書店で関心を持てる本を楽しんで探し、他人の言葉から考え方を感じ取る習慣をつけてみましょう。まずは、「期間中に○○冊読む」と決めるのもいいですね。

② 家計簿をつける

私の考えでは、家計簿の目的は、**自分のお金の全体像とその流れを把握する**ことにあります。**すべてきっちり管理し、不明なお金を出さないようにするためではありません。**

現実を知り、「これくらいだろうか……」とか「きっとできるだろう……」といった精神論からの脱却につなげるためです。慣れてくると、数字で自分をコントロールすることさえ可能になりますし、これまでいかに希望的観測でお金を使っていたか気づかれるでしょう。意気込まず、まずは気軽にスタートしてみてください。

始めた月は単にお金のメモ程度にとらえましょう。使った金額を記入する、ただそれだけです。その行動に慣れるだけで十分。

何となくイメージしていた数字と現実の数字との差に、「毎日の外食でこんなに使っていたのか」「携帯料金が異様に高い！」などと愕然とすることでしょう。その思いをベースに、新しい目標を立てればいいわけです。

次の月からは、前の月の結果を見て、予算を立てるのもおもしろいでしょう。結婚している方ならば、夫婦でぜひともお金の話をしてみてください。

予算や理想の支出などを計画したのなら、**封筒を用意して食費や交際費など各項目に予算を振り分けるといった工夫も効果的**です。目でも確認できるので、シンプルながら優れた方法です。最近は、ファスナー付きの透明な袋も売っているので便利ですよ。

③ 新しいモノサシで使い道を把握する

家計簿をつけることによって、「新しいモノサシ（消費・浪費・投資）」で自分のお金の中身をはかってみてください。

家計簿をつけるメリットは、「消費：浪費：投資」を目で理解することにあると言っても過言ではありません。

家計簿にちょっと一手間を加えます。「消費：浪費：投資」の欄を設けてほしいのです。

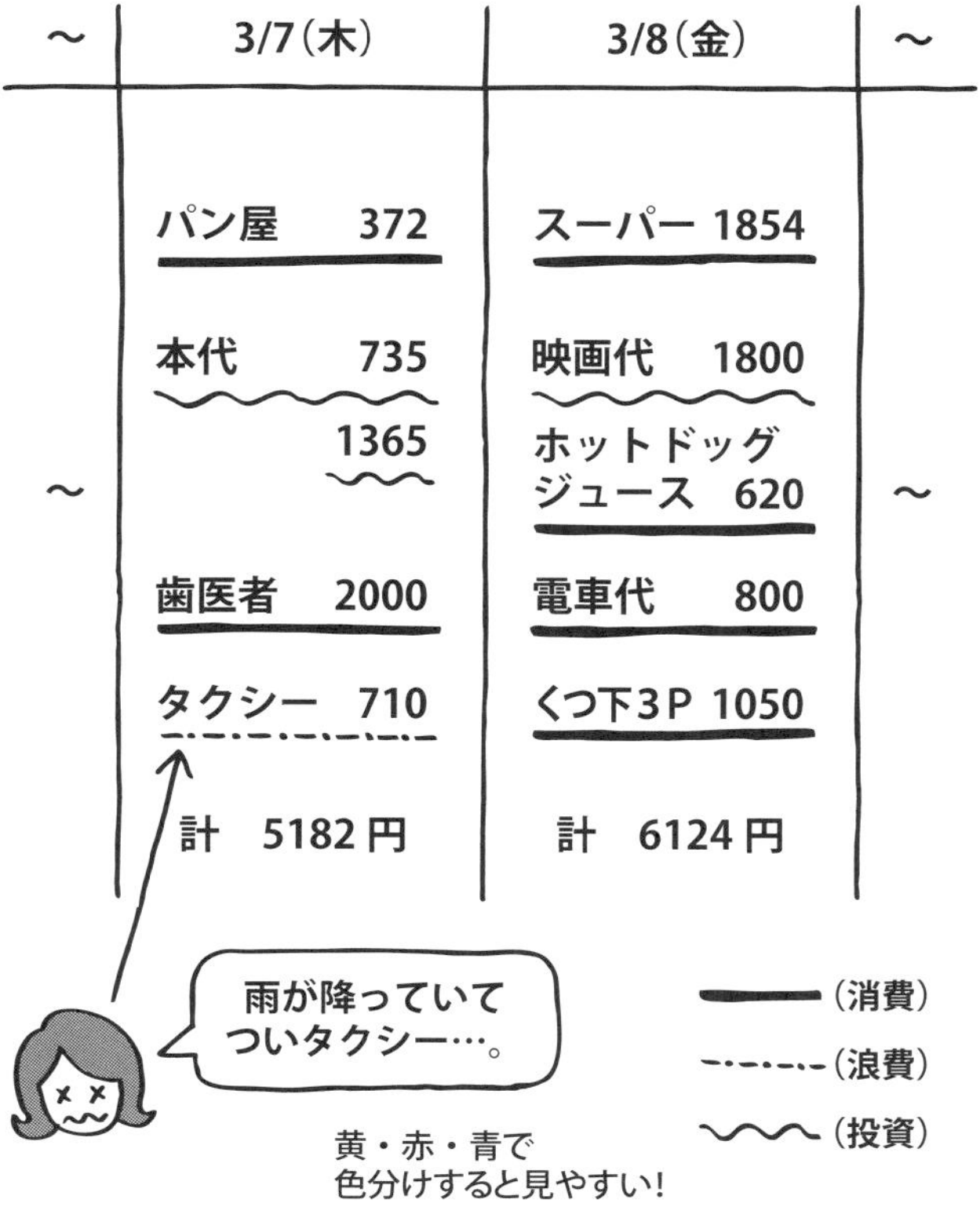
～
3/7（木）
3/8（金）
～
パン屋　372
本代　735
1365
歯医者　2000
タクシー　710
計　5182円
スーパー　1854
映画代　1800
ホットドッグ
ジュース　620
電車代　800
くつ下3P　1050
計　6124円
雨が降っていて
ついタクシー…。
（消費）
（浪費）
（投資）
黄・赤・青で
色分けすると見やすい！

ですが、日々の出費を記録する集計部分にその欄を置くと、毎日計算しなくてはいけなくて面倒ですね。

だから1週間が過ぎたところに（たとえば日曜日の部分に）欄を設けてみてください。毎日でも1カ月でも集計は大変です。1週間ごとの集計がちょうどよいようです。

そして一週間後の集計がしやすいよう、工夫をしておきましょう。おすすめの方法は、蛍光マーカーペンを使っての色分けです。支出で書いた額を、マーカーで塗りつぶすのです。

私はふだん、こんなふうに指導しています。

- **消費：黄**
- **浪費：赤**
- **投資：青**

モノサシを色分けするだけで集計がラクですし、パッと見て分かります。「まずい！赤が多い！」などと一瞬で判断できるのです。

カンタンなのに分かりやすいので、一度この色分けモノサシを使って家計簿をつけると、病みつきになる人も少なくありません。これの便利なところは、

今の自分がどういったもの（消費・浪費・投資）で形成されていて、これからどう変化させるのかの指針となる

点です。ぜひやってみてください。

私の依頼者の方々は、この色分けモノサシをラクラク使いこなしています。家計面談で来社されるなり、「今月は74の4の22だったよ（消費：浪費：投資の割合）」とか「ダメだ。79の10の11でした」という一声で始まるほどです。

普通の（？）ファイナンシャルプランナーの事務所ならば、「今月は2万円以上も赤字でした」という会話になるのでしょうね。

④ 夢ノートに3行日記をつける

その日感じたことを思うまま、飾らずに自分の言葉で書く、いわゆる「日記」をつけてみましょう。夢ノートに2〜3行つけるだけでOKです。

「コンビニで買い物しなくなった。そうしたら、やせられた！」

「仕事に目標が持てないのがイヤだ」

「不安ばかりが目につく」

など思うままに。弱音も含め、一度思いを吐き出してみましょう。

数日経てば、自分の気持ちの動きが見えてきます。そうして、気持ちをリセットすることによって、またがんばろうという原動力にできるのです。

⑤ クレジットカードは使わない

この90日貯金プログラムの期間中は**「現金主義」**に徹してください。ポイントがついておトクだからとか、いつも光熱費はカードで引き落としているからとか、高額なときだけは使いたいから、といった気持ちは取っ払うこと。

現金主義で過ごして家計がまわらないのならば、金銭バランスがおかしい証拠。

クレジットカードを使っても構わない人は、カードを使わなくても生活できる人です。現金主義生活から得られる成果は、実際にやってみないと分からないでしょうね。不思議なことに、クレジットカードでの支払いをすべて現金払いに変えると、前は何の気なしに使っていた出費がぐっと抑えられます。

やはり人間は、目の前のお金を使うときに、「もったいない」という気持ちが働くのです。それさえ分かれば、しめたものです。

⑥借金を洗いだす

利用金額の多い少ないに関係なく、クレジットカードの利用やローンも含めて借金がある人は状況を家計簿に書きだしてみてください。

カード・信販会社は、私たちがクレジットカードを使いやすいように工夫を凝らしているため、知らないうちに返済できなくなっている危険性は非常に高いのです。

それを防ぐためには、まず自分の返済状況を知ること。

- **借入先**
- **借入残高**
- **金利（％）**
- **いつからローンを使っているか**
- **毎月の返済額と返済日**
- **最終返済予定日**

見たくない現実かもしれませんが、ありのままに洗いだしてみてください。

現在の借入状況を一枚の紙にまとめてみることで「このカードは使わないように、なくしてしまいたいな」「リボ払い（複数の利用残高を一つに合わせ、毎月一定額を返済していく方法）は、使っているかぎり永遠に完済できないからやめよう」「あれ？　カードを持ちすぎかな」といった率直な感想が出てくるはずです。

そう感じたら、どうすればいいか考えてみてください。多少きつくても節約ややりくりによって解決できそうならばいいのですが、そうではない場合が要注意です。

つまり、借金（キャッシングやリボ払い）せずには生活ができなくて、どんどん借り入れが増えている。返済するために借りてしまう！　そんな状況なら、悶々と悩み続けるのではなく、手を打ちましょう。

これは、あなたが大きく変われるチャンスです。悪い借金は、先の見えるよい借金へと変えられます。ただしあなたが先延ばしせず、前向きでいるかぎり……。これからの自分のために、まずは変化を起こしてください。借金については、5章で解決法などを詳しくお伝えします。

⑦自分との小さな約束をする

133ページで「実際に貯めるにあたっては、いろいろ挑戦してみてほしいことがあります」と申し上げました。次に紹介することを試してみてください。どれも貯金力アップにつながるうえ、実はとても楽しい作業です。

貯金への道のり

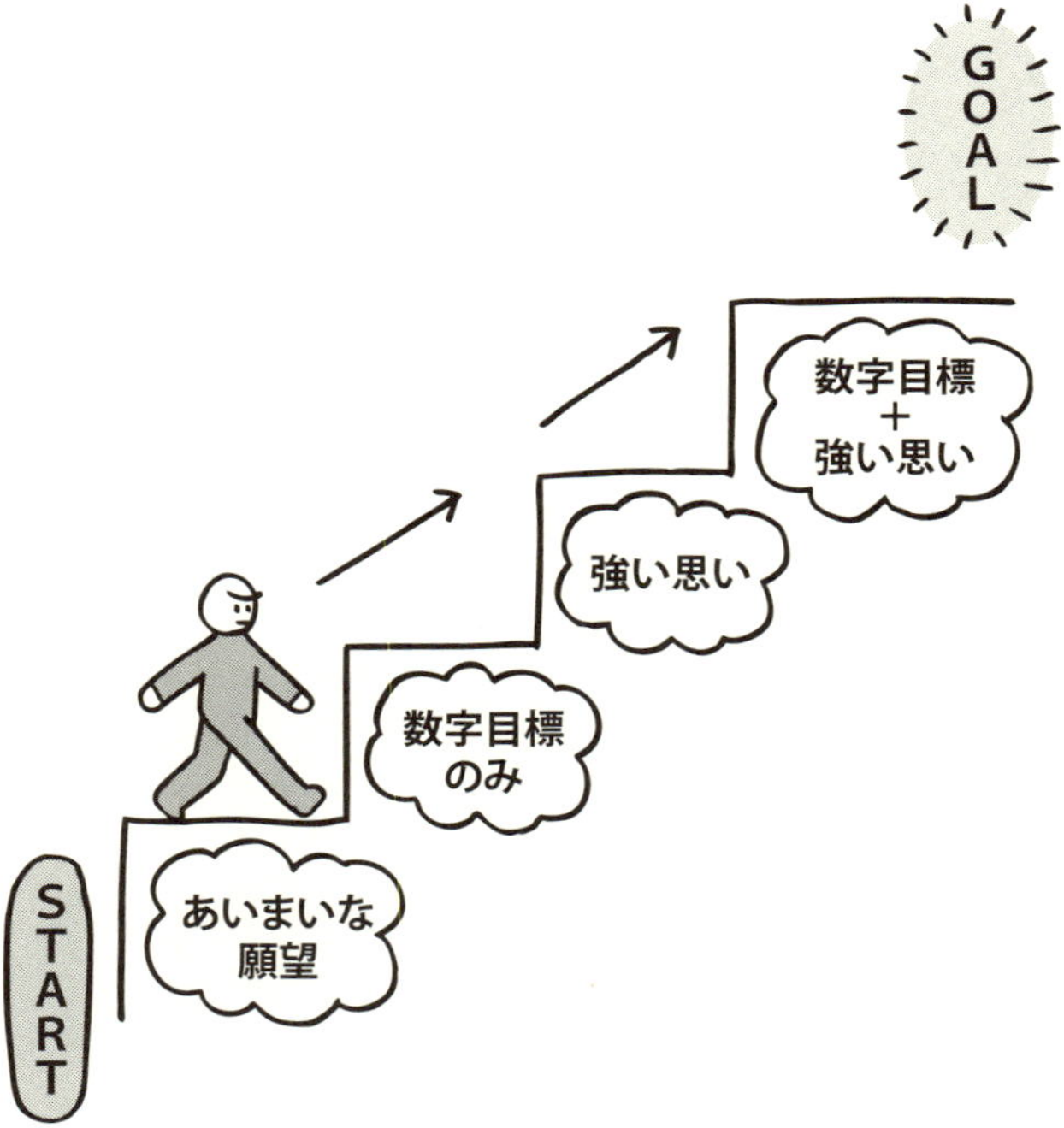

・欲しいものを買わないでみる。
・ダイエットもしくは筋トレしてみる。
・家のそうじをする。部屋だけでなく玄関やお風呂場、冷蔵庫も。（私の経験上、お金が貯められない人は「冷蔵庫がとても汚い」のです！）
・家の中にある不要なものを売ってくる。売れなければ捨てる。
・お金だけでなく人生を導いてくれるメンターを探す。
・時間をいつもより意識してみる（ムダ時間の削除。生活スタイルの見直し）。
・休日に携帯電話の電源を切ってみる。
・欲しいものリストを、優先度を考えながら作成してみる。
・やりたいこと、やりたくないことを書きだしてみる。
・予算を決め、あえてお金をぜいたくに使ってみる（お金のパワーを感じる）。
・自分の得意なことで誰かの力になってあげる。
・自分にとって本当の仲間や協力者は誰なのかを考えてみる。
・身近の「お金持ち」を観察。考え方にも注目する。
・よいお金持ちとイヤなお金持ちの違いを自分で定義してしてみる。（周囲に「お金持ち」がい

ない場合、『日本のお金持ち研究』（日本経済新聞社）のような本から生態を知ることができる）

・エコな活動を探し、実行してみる。

なぜやるのか、意味が分からないものもあるでしょうね。でも、適当にリストアップしているのではありませんよ。

お金の意識を高めようと実行しているこの時期は、それ以外のことにも積極的に挑戦してみるのにぴったりなのです。一見、無意味なようでも、それが合わせ技となり、お金と精神によりよく作用します。私の依頼者たちの変わりようは、それはすごいものです。

ですから、だまされたと思ってやってみてください。そしてご自分でも、これ以外にやってみたいと思うことがあれば、どんどん実行してみましょう。

プログラムを終えてからする4つのこと

実際に90日貯金プログラムを終えたら、そこで得たことをより明確に感じ取るため、成果などを振り返ってみましょう。

・この期間は、あなたにとって厳しいものでしたか？
・当初の目標（貯金額や消費・浪費・投資の判断など）は達成できましたか？
・家計簿や日記を、楽しみながら記録することができましたか？
・何か気づいたことはありましたか？（自分の性格、お金のこと、生活でのこと）
・気がかりなことは、一つでも解消されましたか？
・自分との小さな約束は守れましたか？
・何か新しい習慣は身についたでしょうか？

そういったことを振り返ったうえで、次の4つの項目を実践しましょう。

今後あなたがいい変化を長く続けられるか、本質的に変われるか、その岐路にもなるポイントなので意識してみてください。

① 90日後の夢ノートと家計簿から自分を知る
② 習慣化させるために90日プログラムを繰り返す
③ フレキシブルに調整をはかる
④ 数字で自分をコントロールする

① 90日後の夢ノートと家計簿から自分を知る

プログラムに伴い、夢や目標、取り組んでみたい生活上のことや日記なども自由に書き残すための夢ノートと、お金の流れや消費、浪費、投資を記録する家計簿を使いましたね？ そこにあなた自身が反映されています。

夢ノートと家計簿から、プログラム期間中のあなた自身がどんな人だったかをさぐりましょう。

夢ノートには、思考パターンや気になっていること、不安や楽しみ、何かをしたいという意志、性格といった、等身大のあなたが反映されているはずです。

さらに強烈に**あなた自身が表れるのが、お金の記録である家計簿です。**

もし失礼にあたらないならば、私は誰にでも「支出を見せてください。あなたがどのような人なのかをお教えしましょう」というでしょう。下手に会話をするよりも、私にとっては有効な方法です。

しかしこれは、私の特殊能力でも何でもありません。

お金の使い方と生き方は密接にリンクしているという意味です。

家計簿から自分を振り返るのは、自分で自分を客観視するには打ってつけの方法なのです。夢ノートよりも、心情や言い訳が入り込まないため、むしろ明確で正確なのです。

このプログラムを実行すると、2つのことが分かります。

あなたの「今」と「これから」です。

「今」は、現在使っているお金を記録した家計簿から分かります。

「これから」は、90日貯金プログラム中に見た家計簿の中身を「消費：浪費：投資」で区別した比率で分かるのです。


今の自分が分かっても、これからがどのような自分に変わるのかに役に立たないのでは、意味がありません。まして自信など持てるはずがないのです。やや面倒であっても、みなさんに、新しいモノサシを使って記録をお願いする理由はそこにあります。

「お金だけがその人を形作るわけではないでしょう？」

そんな疑問を持つ方もいるかもしれません。そのとおり、お金の使い方＝その人ではありません。

だから家計簿だけでなく、生活や思いについて書ける夢ノートも用意するのです。

実際にやってみると、私は投資（株などではなく、自己投資という意味）をほとんどしていない、ケータイとか保険とか形として残らないものにばかり使っている、意外と食べることが好きだなあ……、といった表面上のことから、本当は自分自身にはお金をかけていないとか、不安感が強いのかもしれない、根拠もなく楽観的だといった内面の本質に近づく自己分析ができていくのです。

② 習慣化させるために90日プログラムを繰り返す

私のところにはいわゆる「お金の問題児」が大勢訪れます。そういった方たちがこのプログラムを実践していくと、やはり傾向が見えてきます。

貯金ができるようになる成功パターンは、90日貯金プログラム1回目ではなく、2回目、3回目の挑戦で成果が大きく表れはじめることが多いのです。

これはあくまで傾向で例外もありますが、逆にプログラム1回目でいきなり成果を出してしまうと、なぜかその後が続かなかったりします。それは、

お金についての知識や考え方といった基礎を、90日間だけでなくもっと時間をかけて習得させたほうが強い土台となり、本当の貯金力につながる

ということでしょう。そのためにはやはり一度きりのプログラム挑戦ではなく、繰り返して実行することが大切です。2回目でも3回目でも、続けていれば必ず成果は出ます。あせらず、安心して取り組んでください。

1回目ではやり方を理解することや準備で手こずっていたことも、2回目以降はカンタンにできることが多いでしょう。

つまり、初回の半分以下の労力で実行できる状況にあるのです。労力が少なくなったということは、自分の形や仕組みができあがってきている証拠です。

繰り返すことで、「習慣化」されます。カードを使わない、家計簿をつけるといった貯金のための行為も、人によってはストレスがかかるでしょう。繰り返すことで、それが無意識にできるようになり、効率よく、ストレスなく、貯金できるのです。

くれぐれも、最初の結果で泣き笑いしないように。そんなにすぐに結果が出なくていいのです。思い描くようにはなかなかうまくいかない……その悔しさから、みな最終的には成功させていくのです。

ちなみに、効果をうまく出しつづける人の傾向として、自然体で取り組んでいるということがいえます。意気込まずに、楽しんでやってみることもコツなんですね。

【続けるための仕組みづくり】

このプログラムだけでなく、勉強であっても筋トレでもダイエットでもみな同じですが、最大の難点は、「続けること」にあります。

続けていくなかで工夫をしながら自分の形と仕組みづくりを完成させ、繰り返し行うこと、それが一番の近道なのです。

逆に、この部分ができてしまえば、成功したも同然です。

貯められるようになる人は、私とは違ってきっと意志が強いのだろう。

そう嘆く人もいます。はたしてそうなのでしょうか？

うまくいっている人も、意志は決して強くありません。ただし、「自分の意志だけでは限界がある」ということを理解しています。

不思議ですよね？　つまり、発想が反対なのです。
そういう人は**「意志が弱いからこそ仕組みづくり」という自覚からスタート**していて、それを補うための方法を工夫しています。たとえばですが、

- **貯めたお金でこれを買おうとがんばる＝ご褒美型**
- **口座にお金が貯まっていくのを見て幸せを感じる＝自己満足むっつり（!?）型**
- **第三者に監視されて、モチベーションを維持できる＝ムチ型**

なども、途中でギブアップしないための仕組みづくりです。

③フレキシブルに調整をはかる

90日貯金プログラムを実行し終えたときに、どのような自分でいたいのかを再度想像し、理想の自分像に近づけるために「調整」をかけていくことが望ましいでしょう。たとえば、こんなふうに。

■ガチガチにかためすぎないで

1回目の90日貯金プログラムでは、毎朝のコーヒーショップでのコーヒーをいっさいやめることが目標でしたが、どうしてもやめられませんでした。それなら、と考えを変えて、2回目のプログラムでは、週5回を週2回にするよう調整をかけることにしたのです。

実行中にはいろいろな変化が起きます。よいことばかりではありません。こんなときに限っていろいろトラブルが起きるという人だっています。

実際、私の依頼者の方でも、プログラム前は何ごともなかったのに実行したとたん、身内で不幸があり高い交通費をかけて帰省した、歯が痛くなって長いこと歯医者に通った、急に冷蔵庫も車も故障した、というようなケースもよくあります。

そういった生活の変化があるたびに心がブレたり、理想の自分像が見えなくなるのでは、自分軸などとうてい維持できません。

人生に変化はつきものです。それらの変化があってもどーんと構え、常に理想の自分像

を思い描きましょう。

④ 数字で自分をコントロールする

先ほどもふれたように、自分にまつわる数字を見ることにより、「今」と「これから」が見えてきます。

何回も90日貯金プログラムをこなしている人はこの原理を生かし、数字で自分の感情さえもコントロールできるようになるのです。

「数字で自分を把握する」から、「数字で自分をコントロールする」

に変化するのです。それはつまり、どんなふうに違うのでしょう?

ふだん、「今月は交際費を多く使っちゃってるなあ。食費もいつもより早いペースで消費しているし……」などといった感想を持ったことがあるでしょうか。

これは、大ざっぱではあっても数字をコントロールしていなければ、出てこない感想です。慢性的にお金を使っている人は、今月使いすぎなのかさえ分からないのが本当のところなのですから。

数字の把握をもとに、「だからもう交際費は抑えよう、食費も節制しようかな？」と行動する——それが、数字で自分をコントロールすることの始まりなのです。自分の数字を素直に受け入れ、ストレスもなく行動に反映させられるようになれば、しめたものです。

すべてはバランス感覚なのです。家計簿やお金のことをあまり気にしていなくても、趣味である旅行費用を自然と捻出できる人もいます。別に所得がぐんと高いわけでもないのに。そのような人は、バランスをとるのが上手なのです。

大好きな旅行が優先順位のトップにあるがために、常日ごろほかの支出を抑えることが自然にできるのです。自然とムダづかいをしなくなるのです。このように**自然に楽しみながらできている**こと——それが「数字で自分をコントロールする」レベルです。自分軸が形成されていて、そこに価値観があるのですから。お金を貯めるには何より気持ちが大切だということの証拠なのです。

成功への5つのポイント

90日貯金プログラム実践による貯金力アップへの道のりを大きくまとめると、5つのポイントから成り立っています。

ポイント1　夢や目標
ポイント2　本当の自分の価値観
ポイント3　実行
ポイント4　仕組みづくり
ポイント5　信念

はじめに組み立てる夢と目標は、あなただけの幸せ探しです。大きくても小さくても構いません。欲望に忠実に思い描いてください。思い描かない限りは実現することなどありえませんからね。

　そして実現癖をつけてください。はじめは小さいことからでもいいのです。

　3カ月後、旅行用の預金通帳に5万円貯める！　90日後、ちょっと豪華なお店に行って家族で食事しよう、英語を習って少し話せるようになってやる！　勉強して投資をやってみる！


　一つひとつ、夢をかなえるために挑戦してみてください。その実体験と得られた成果を忘れることはないでしょう。新しい価値観がさらに広がり、これまでとは違うステージへと向かえるのです。

COLUMN

お金には気持ちが集まる!

「旅行に行きたい」という気持ちが原動力となり、自然と旅行費用を貯められるといった例からも、数字と感情ではどちらが強いかと言えば感情なのです。つまり、ただ同じ「3万円を貯める」でも、3万円を貯めることが目標の場合と、温泉に行きたいから3万円を貯める、では効果が違います。

しかしやみくもに願っても、うまくいきません。やはり「数字で感情をサポートする方法」が得策です。でも、ここではあえて数字を除き、感情だけでお金をうまく貯められるようになる可能性を探ってみます。

誰かを幸せにしたい、家族を楽しませたい、何かを成功させたい……。

青臭い理由のようですが、誰に見せるわけでもないのですから構わないのです。自分の心のなかにある願望としっかり向き合ってください。自分だけでなく誰かを幸せにするには、多少なりともお金が必要なのが現実。恋人をレストランに連れていくにも、家族をディズニーランドに連れていくにもお金がかかりますよね。

私の場合は、家族が原動力となり、貯金力アップへの努力を続けることができました。家族を一時的に楽しませるだけではイヤだったので、継続的に仕事を懸命にこなしました。単純ですが、いい仕事をすればお金もついてくると考えたのです。

金銭的にも、うだつのあがらなかった私ですが、少しずつ変化が起きてきました。今では慎ましくですが、妻と5人の娘で楽しく暮らしています。気持ちでお金を引き寄せたと思っています。

願っているけれど、なかなか実現しない状況が続いているならば、それはもしかすると「そうなったらいいな」ぐらいで、思いがそれほど強くないのかもしれません。「絶対にそうしたい」という切望レベルではないのでしょう。

保証します。本気で願っていることを実現するのに必要ならば、お金は集まってくるということを。お金には気持ちが集まるのです。

CHART.5

知らないと危険！お金の落とし穴

他人事ではすまない「借金」

この5章では、皆さんを狙う「借金の罠」についてお伝えしたいと思います。ここで言う「借金」とは、クレジットカードや住宅ローンではなく、消費者金融やキャッシングの利用という意味での「借金」です。

「借金なんて他人事だ」「よほどのことがないと借金なんてしない」

実はそう思っている人ほど危険です。脅すわけではありませんが、深い落とし穴にはまるのは案外カンタンです。現在借金で困っている人も、みんなはじめはそう考えていたのですから。お金を借りる、カードで（後払いで）物を買う。こういった行動に免疫がなく、拒絶気味の先入観がある人は、一度はまると一番危ないのです。

少々ショッキングな数字をお伝えしましょう。消費者金融を利用したことがある人は、ゆうに1800万人を超えています（信用情報機関「日本信用情報機構」によると、2017年11月末日での登録者数は1815万人）。1800万人以上といっても漠然としているので、もう少し具体的にイメージしてみましょう。

日本の総人口は約1億2672万人。そのうち就労者は約6500万人です。6500万人中の1800万人。

つまり、**4人に1人以上が消費者金融を利用している、もしくは利用したことがある**という実態が浮き彫りになります。これだけ大きなマーケットなのです。テレビをつければ、必ず消費者金融のCMを見ることもうなずけますよね。

【3人に1人が借金をしている!?】

消費者金融だけではなく、クレジットカードのキャッシングも合わせて考えると、借金をしている人は4人に1人どころではなく、働いている人の3人に1人といっても過言ではありません。2010年に貸金業法が改正され、借りにくくなっているのですが、それでもこんなに利用されています。これが、資産100万ドル以上の富裕層が147万人もいる日本の現実です。この数字を見るかぎり、自分は借金に無縁だと思っている方にとっても、他人事ではないと思うのではないでしょうか？

つまり、これだけの規模の人たちが十分な貯蓄がないということです。貯金ゼロの人も多いでしょう。総量規制（202ページ参照）がなされたことも踏まえると、安易にお金を借りられない時代に突入しています。今後は自己防衛の意味合いからも、より貯金に関心を持たなければならないわけです。

それは、この不況期にあって当然の発想です。そして現在、マネーの流れは世界的にも、これまでとは全く逆の**「投資から貯蓄へ」と変化しはじめた**といえます。

ついついお金を借りる理由

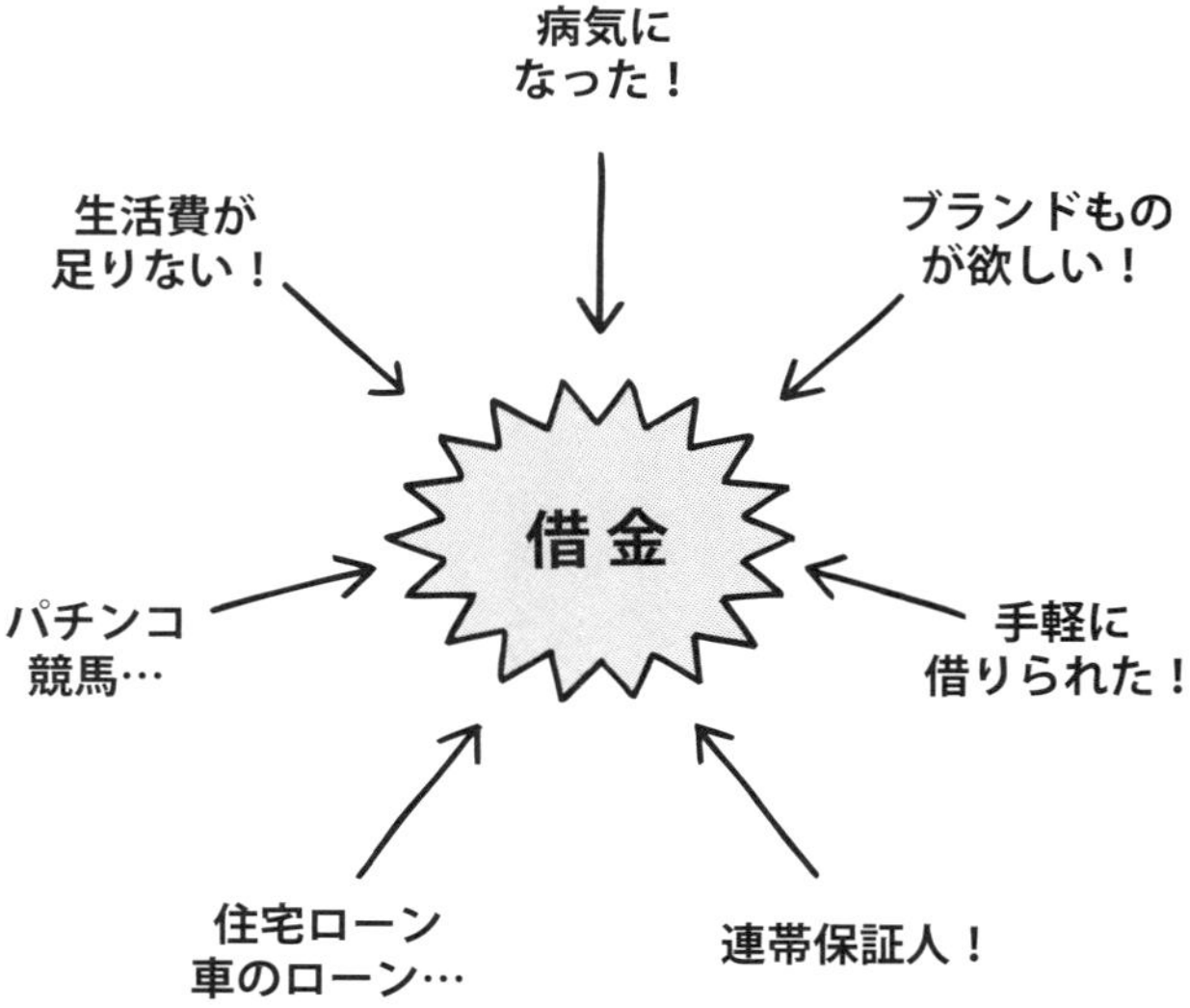

これだけはやってはいけない！

普通に生活していて、ショッピング中毒でもギャンブル大好きというわけでもないなら、どうして借金するようなはめになるんだろう、と思う方も多いことでしょう。

でも、浪費癖がなければ借金しない、というわけではないのです。日常生活には、借金への扉がひそんでいます。知らないうちに一歩を踏み出していることもよくあるのです。

① 連帯保証人

お金を借りた本人と全く同じ立場となってしまいます。

ですから、借りた本人が返済できないとき、代わりに返済するという認識は少々間違っています。貸した側は、借りた本人が返済不能と陥っていなくても、連帯保証人に返済を請求できます。いわば人的担保の制度なのです。身内や知人から「絶対に迷惑はかけないから」と頼まれて、引きずり込まれないように。

②不動産担保ローン

通常のローンよりも金利が低く、何百万円という高額の融資を受けられる可能性があります。担保価値のある自宅（持ち家）などの不動産があれば、無理なく長期で返済しようと安易に利用を考えがち。しかし、返済できなければ担保に入れた不動産を失ってしまいます。

このローンを利用すると、あとで説明する借金解決法の一つ、「個人再生」を利用しても、その不動産を守ることができなくなる点にも要注意です。

③ローン

代表的なのは住宅や自動車ですが、一度ローンを組むと、途中で手放すことが困難になります。それは、買った途端に中古となり、購入価格を割り込むいわゆるオーバーローンになるからです。売っても借金だけが残るというわけです。

転勤やリストラなどの事情で住宅を売却した結果、残債務が大きく残り自己破産に至るケースが近年増えています。このように、財産のつもりが、一転して大きな負債となることもあるのです。

④ 現金化（買取屋による転売）

「ショッピング枠を現金化！」「カードで現金」。電柱や看板などで見たことがある方も多いでしょう。クレジットカードで買い物をさせ、その品物を購入代金よりも安く（8割前後）買い取られる仕組みです。換金率8割で1カ月半後に返したとすると、年利約20０%となり、事実上、高利貸しと同じです。お金を払い終わるまでは自分のものではないので「転売」にあたります。場合によっては、違法行為にもなるので厳禁です。

カードのキャッシング枠が限度額に達し、お金を借りる手段がなくなった人を狙ったものです。いいように買い物をさせられてはいけません。

⑤ 一本化（おまとめローン）

借金の返済に追い込まれたら、必ずといっていいほどこれを検討してしまいがちです。雑誌やスポーツ新聞、ネット、DMなどいたるところで目にするということもありますが、楽になるような誘惑文句のオンパレードなのです。「金利０・９%で融資額５００万円まで」「最大12カ月無利息、貸し渋りなし。即日融資！」。こんなことが書いてあるのは、例外なく悪徳業者です。連絡してはいけません。

銀行などでの一本化も実施されていますが、審査はかなり厳しいものです。返済も極端に楽になるわけではありません。

⑥ 悪徳業者

困りはてている人の弱みや心理につけ込む悪徳業者はゴロゴロいます。④の買取屋や、暴利をむしりとるヤミ金だけが罠ではありません。

「お金を貸してくれるところを紹介してあげる」と、高い手数料（融資額の3～5割）を搾取する「紹介屋」。借金を整理してあげるといって、お金をだまし取る「整理屋」。その中には実在する弁護士事務所の名前をかたっているところもあるのです。十分慎重に。

思い込みを捨てて、借金をリセット

毎月返済しなくてはならない借金がある。とても貯金できる余裕などない……。そんな状態にあるなら節約や細かいやりくりではなく、大胆な切れ味を持つ方法も含め、広く検討してみましょう。

そもそも**「悪い借金」がある状況で節約に励んでも、残念ながら効果は薄い**というのが本当のところです。借金の利息があるのに、そこを見て見ぬふりをして、必要な出費を削ろうとするのはバカげています。借金をかかえながら家計簿を律儀につけつづけても、効果は出ません。

借金は今のまま払うしかない、といったとらえ方は一度捨ててください。正しい知識があれば、借金を良好なものへと変えることができるのです。

大胆な切れ味を持つ方法――それは法的な手法も織りまぜた「借金整理」のことです。

借金整理というと、すぐに「自己破産」という言葉を思い浮かべ、「一生、カードが使えなくなる」とか「不便な人生になる」などと考える人が多いのではないでしょうか。

それは、大きな勘違いです。よく聞く**「自己破産」以外にも対処策はある**のです。誰にでも借金整理をおすすめする気はないですが、いたずらに借金がふくれあがっていく状況で一刻も早く家計を改善させなくてはならないときには、この「借金整理」なくして、再生はありえません。

3章でも生活習慣病の話をしましたが、借金家計を変えることは、人間が病気と向き合う姿勢と似ています。

少し体調がおかしいと感じたときに病院へ行く人もいれば、ひどく痛くなるまでガマンしてから行く人もいます。早く診てもらえば薬での軽い処置で治る人も、その進行状況によっては薬だけではすまないこともありますよね。

家計の問題は早く対処することが大切だと分かっている。でも、それを直視したくない（だから数字で把握をしたくない）、もう少し先送りしたい……。そう考えてしまうのは、根拠もなく何とかなると思っているから、あるいは不安のせいで動けなくなっているからです。

「知らないこと」からくる先入観や偏見により行動が左右され、それが自分を苦しめてしまうことはよくあります。

「もっと早く行動していればよかった……」

知識がないばかりに問題を先送りにしてきた方々から、こんな言葉をよく耳にします。いろいろな背景を感じさせる、重い言葉です。


繰り返すようですが、借金はけっして他人事ではありません。まずはかたよった先入観を取り払い、真の対処策や知識を学びましょう。

「自己破産」だけじゃない借金解決

ここでは4つの借金解決法をカンタンに解説します。こういう制度があると知り、そのメリットをつかんでいただければ、十分です。

まずは正しく大枠を理解することが大切です。専門書を読まれて勉強する方もいるようですが、やめたほうがいいでしょう。自己流の理解では不安がふくれあがるだけです。

解決ができるかどうかは、法律家（弁護士もしくは※認定司法書士）に直接相談すべきことです。それでは、**①任意整理、②特定調停、③個人再生、④自己破産**の順にご紹介しましょう。

※認定司法書士：法務大臣の認定を受け、簡易裁判所の対象となる民事事件に対して、弁護士と同じように代理人となれる司法書士のこと。

※以下「法律家」とは弁護士もしくは認定司法書士のことを指します。

①　任意整理

法律家に委任し、依頼者に代わって直接各債権者との交渉をしてもらい解決を狙うものです。本人の返済能力に適した和解を成立させ、それに基づいた返済をしていくことになります。裁判所は使わずに進めます。効果として、

将来利息のカットと長期の分割払いになる（原則3年が標準的）

といったことが見込めます。

②　特定調停

自分で簡易裁判所に申し立て、裁判所に債権者（貸し手）と債務者（借り手）の間に入ってもらい、借入額の減額や今後の返済方法などを話し合うための方法です。任意整理と違い、法律家に依頼せず自分で申し立てることがほとんどです。

また、申し立て費用が安い（1社につき740～1000円程度。申し立てる裁判所に

より違います）のも特徴です。

効果としては、ほぼ任意整理と同様で、金利の引き直しをして借金を減額したり、返済方法を変更したりします。そのため、この特定調停は任意整理と並列の関係にあります。

③ 個人再生（個人民事再生）

裁判所を通じて借金が大幅にカットされ、一部の残額を基本3年の分割で支払います。要件を満たせば、マイホームを手放すことなく、住宅ローン以外の借金を整理することができます。

将来金利0％となることに加えて、そこからさらに債務がカットされます。借金は最大で10分の1に（よくあるカット率は5分の1程度、もしくは100万円に）。自己破産しかないようなケースであっても、この制度により確実に解決法の選択肢が広がりました。任意整理や特定調停での限界や、自己破産のデメリットが補われています。

④ 自己破産

裁判所に申し立てを行い、免責を受けることにより、借金の返済を免除してもらう制度です。財産があれば債権者への分配のために手放す必要がありますが、ない場合は生活上の大きな支障はありません。

破産をすることによる職業や資格上の支障、たとえば会社の取締役になっている、警備員、生命保険外交員をしているという人は免責が出るまでの間、その立場を一度離れなければならないのですが、これも関係がなければ大きな支障とはなりません。とはいえ、他の方法で解決ができないときに利用を検討する制度といえます。

赤字家計も貯金体質に生まれ変われる

ごく一般的な実例を見てみましょう。

保育士の高橋洋子さん（仮名）のケースです。27歳、独身の方です。

買い物が大好きな高橋さんは、休日となれば服や雑貨などのショッピングへと出かけていました。ポイントが貯まるからとか、カード会員割引があるからと、いつもクレジットカードを利用していたとのこと。

収入の範囲内でカードを使えたのは、使いはじめた当初だけでした。手元に余裕がなくても買い物ができるため、ほどなく収入と利用額のバランスが崩れはじめたのです。返済ができなくなると、同じカードから手軽に現金を借りるキャッシングを利用するようになってしまいました。

「節制しなければと思ってはいましたが、欲しいものをガマンできなくて歯止めがきかなかったんです」とは、高橋さんのコメント。

気がつくと、キャッシング歴3〜4年。借金はこんなことになっていました。

・**クレジットカード会社　3社合計　120万円**

・**消費者金融　2社合計　60万円**

総額で、なんと180万円の借金になってしまったのです。ここに至るまで毎月何とか返済していましたが、それは返済ではなく、キャッシングでお金を借りて返済分を借りて返す——その繰り返しで、いわゆるまわし返済でした。つまり、自転車操業を体力が続くかぎりやっていただけのことだったのです。

こんなことではいけない！　と高橋さんは奮起し、まずは家計の見直しと借金に関する勉強のため、口コミで耳にした私の事務所を訪れました。

そこで、私は家計面について高橋さんといっしょに見直してみました。

単純に計算してみましょう。

高橋さんの現在の家計状況

収入 (手取り)	19万円	支出	15万5000円
		家賃	6万5000円
		食費	3万5000円
		水道光熱費	1万6000円
		携帯、生保、 新聞代	1万7000円
		その他	2万2000円

収入 − 支出　＝　19 万円−15 万 5000 円

返済限度額　＝　3 万 5000 円

返済金額　＝　5 万 7000 円

毎月 2 万 2000 円
の赤字!

19万円の収入から生活に必要な固定支出15万5000円を差し引くと、差額は3万5000円となり、これが返済の限度額になるはずです。

それなのに現状では、クレジットカード3社と消費者金融2社への返済で、合計5万7000円を支払わなければなりません。毎月2万2000円の赤字。借金が増えていくのも当然です。

弁護士に相談してみると、家計の見直しを進めれば、「任意整理」で返済できるような形になるのではないかと言われました。

債務整理を進めることによって、金融ブラック（新たにローンを組んだりできなくなること）になることをためらったりもしましたが、このままではいっこうに完済できないので、弁護士に任意整理をお願いしました。

はじめは、次の支払日に返済ができるかどうかという危うい状況だったのですが、弁護士に委任したことにより、受任通知（介入通知）というものを各債権者へと郵送してもらいました。その結果、一時的にストップがかかり、返済しなくても取立てもされず、精神的な安定を手に入れたのです。

これでようやく家計の見直しに集中できます。携帯電話のプラン変更や生命保険の種類変更から買い物好きな自分のコントロール方法まで、私と二人三脚で見直しを進めました。結果、ムリすることなく、90日間で1万5000円ほどスリム化ができたのです。

これで、月に5万円（19万円－14万円）も捻出できました。あとは、弁護士に頼んだ任意整理の和解状況が気になるところです。

クレジットカード3社の借金は各社5年分割払いで、返済金利はゼロで和解がなされました。

180万円を60回払いで返済するのですから、月々の支払いは約3万円です。振込み手数料を考慮しても約3万2000円弱ですむことになったのです。

もちろん、カンタンな金額ではありません。でも、毎月赤字が増えていった当初から思えば、大きな変化です。今では毎月5万円近く差額を出せているので、3万2000円の返済をしても残りを貯金できます。合わせてボーナスも残せます。さらに、受任通知のおかげで、半年間返済をストップしていたので、約25万円がすでに貯金できていました。

今、高橋さんは早くお金を貯め、残額を一括で返済したいとか、早く完済して本格的に貯蓄をしたいなどと、非常に前向きになられています。お手伝いできた私としても、とりわけ印象深いケースです。

家計がいつ破綻するか分からない状態が永遠に続くのと、返済できるめどがついている状況では金額だけではなく、精神的な余裕も全く違います。

借金家計と正直に向き合うことが、これからの人生を大きく左右するのです。

借りたくても借りられない時代

多重債務者・グレーゾーン金利問題などの解決を図るための改正貸金業法が、2010年6月に完全施行となりました。その内容は次のようになります。

① 上限金利の引き下げ

出資法での上限金利は29・2％でした。
それが2010年以降
元金10万円未満　↓　20％
元金10万円以上100万円未満　↓　18％
元金100万円以上　↓　15％
という金利が最高上限になりました。

② 貸付総額を制限する「総量規制」

借り手が多すぎる借金を抱えないように、「年収の3分の1」を超える融資を原則禁止し、返済能力を超える過剰な貸付を行わないようにするための規制です。

年収300万円の方であれば、借入総額は100万円を超えないように、それ以上は貸さない、ということになります。

③ 貸金業者の適正化

貸金業登録に際して必要な最低純資産額を、現行の法人500万円以上、個人300万円以上から、最終的には一律で5000万円まで引き上げます。貸金業者としてのコンプライアンスや取立て等の規制強化、違反したときの罰則強化などが求められます。

特に、①の上限金利の引き下げと②の総量規制は、利用者に直結する部分として注目されました。実施され、8年程経過した今、返済能力を超えた過剰融資を防ぐには大きな改善策になっていると感じます。

危険な初心者がはまるワナ

電車やバスに乗ると、「借金整理・相談フリーダイヤル」「過払い金の相談、無料！」などと強調した弁護士、司法書士の広告が目立ちます。

それを見て、「借金で困っている人に、金銭的な負担をかけないようにと配慮している、親切な人たちなんだ……」と受け取る人は、素直な心を持った、**危険な初心者**です。

確かに聖職者であるかのように親身に業務を行う法律家もいます。しかしそれはまれであり、本当は偽善者ということも少なからずあるものです。ですが、私はビジネス上の利益を重視する法律家を否定するつもりはありません。

法律家といえども、労力や費用を気にせずに業務に取り組むことはむずかしいのが現実。借金問題をビジネスライクにとらえて処理する側面があるのは紛れもない事実なのです。広告を出す、すなわち法律家も商売をしているということなのです。

とはいえ、商売上手であること、良心的であること、の善し悪しを議論しても意味はありません。何よりも解決することが先決です。

では、危険な初心者とはどういう人なのでしょう？　「無料」「あなたの力になります」などの宣伝文句を素直に受け取り、メリットと感じてしまう人のことです。つまり、「いいカモ」です。

［タダほど高いものはない］

「無料」を強く意識する人は、結局のところ大きな損をしていることになりかねません。それはお金がないことが弱点であると見透かされていることに原因があります。金銭的に余裕がないというのは、相談時点であっても弱みなのです。

料金が発生する段階、つまり手続きが具体的になったとき、解決の方向性よりも、安く手続きをしてくれそうな相手を求めてさまよい、時間もお金もムダにするのです。まさに、危険な初心者なのです。

あなた自身はいかがですか？　つい、楽なほう、目の前のおトクに流される傾向はありませんか？

もし思い当たることがあるなら、これまでの選択基準や考え方を変えなければ、よい変化などありえません。この際ですから、相手を疑うとか自分を省みるということだけでなく、**世の中の仕組みや、その裏側にある何かを意識できる考え方を身につけましょう。**そうしないと、いつまでたっても負のスパイラルから抜け出すことなどできないのです。

行きづまってから慌てて借金だけを何とかしたいと感じ、カンタンな方法に飛びついてしまう……それでは、せまい選択肢のなかで選ばされていることにも、気づけるわけがありませんね。

一時的で表面的なおトク感により、解決への入口や選択の幅をせばめている相談者がいて、その傾向や行動心理を知っている法律家が存在する。この現実を目の当たりにするたび、私は強い疑問を感じるのです。

目先の親切を選ぶと大損する!?

一つ、例をあげましょう。

キャッシングでふくらんだ借金の返済で、ずっと前から悩んでいる山田さん。いよいよ困ってしまい、弁護士のところへ相談に行くことにしました。

■ 行動A

電車内の広告を見て行ったのは、A弁護士事務所。まずはフリーダイヤルで相談の予約を取りました。**料金はいくら相談しても無料**とのこと。面談当日、緊張しながら30分ほど話しました。受任通知を今日中に消費者金融に出してくれて、すぐに取立てが止まると聞き、その日のうちにお願いすることに。まずは一安心して、山田さんは帰宅しました。解決の方向性については、自己破産か任意整理かといった具体的な話はありませんでした。

■行動B

まずは、弁護士会や司法書士会に電話してみました。すると、無料相談会があることを教えてもらい、予約して行ってみました。状況をざっとは伝えたのですが、何せそこで相談できる時間は30分だけです。それでは解決の方向性は判断できないので、相談に乗ってもらったB弁護士の事務所へと後日行くこととなりました。山田さんもかなり仕事が忙しかったのですが再度都合をつけ、相談に行きました。

家計から債務のことまで現状を話し、解決の方向性を見出すには2時間近くかかりました。相談料金は1万円。この面談では、今後の方向性にも納得ができ、解決の可能性も高いと言われましたが、あくまでその日は相談であったことと、そのB弁護士にお願いするには始めに着手金という、費用の一部前払金を用意する必要があったため、その日は受任（弁護士が代理人となること）してもらいませんでした。B弁護士との相談の結果、山田さんが選んだ解決法は「個人再生」というもので、それには始めの段階で、B弁護士への**10万円の着手金**を用意しなくてはなりません。しかし、山田さんはあまりお金がありません……。

さて、AとB、どちらの行動がよいのでしょうか？

どちらがいい結果に結びつきやすいかと言われれば、断然行動Bです。一つ理由をいうなら、山田さんに**苦労が伴うから**です。

私は、「相談が無料で当初の費用が安いのは、悪い」とか、「しっかりとした解決のためには有料のほうがいい」、と言いたいのではありません。

目に見えるものだけで判断して、裏側にある「本質」を見ようとしない点が、もしかしたら自分の最大の弱みかもしれないと疑ってみてほしいのです。

今の自分に都合がいいという基準で進むことは、大きな損失を伴うかもしれないということを理解しておきましょう。苦しい状況を選択するほうが、案外これからの自分にはよかったりすることもあるのです。

【解説】


行動Aは、あれよあれよという間に事が運び、一見すごくよさそうに見えます。

しかし今後の解決法については未確定なままでのスタートです。きちんと話していませんから、あとでそんなことは言っていない、聞いていない！ などとなるおそれがあります。途中で気づいてもすでに遅く、A弁護士が辞任をちらつかせたりすれば、言いなりに進めざるをえません。

料金も最初はタダでしたが、「受任」が決まればしっかり請求されます。


行動Bは、始めのうちは面倒ですし、現状の厳しさを突きつけられるかもしれません。しかし、だからこそ真実に近いのです。依頼者に好きこのんで厳しい現状を伝える人などいませんからね。

仮に、現状が厳しいものでも、始めの段階で立ちはだかる問題を示し、あとは順調に乗り越えていけるような状況を作るのが、専門家の役割です。これからの自分につながる苦労や面倒から逃れず、チャンスと受け入れれば厳しい現状は必ず大逆転できます。

「偽善のやさしさ」と「人を思う厳しさ」。

あなたはどちらを選びますか？

次の項目を読んでから、判断していただけばと思います。

お金の壁は極端に受けとめない

変わるためには苦労が伴うのはよく分かった。だけど、現実問題、手元にお金がないのだから行動Aしか選べないよ……。そんな声も聞こえてきそうですね。

ですが、その極端なとらえ方がまずいのです。

借金を解決するための費用をカンタンに出せる人なんて、いません。つまり専門家は依頼者にお金がないことなど十分に知っています。

だったら、彼らはあえて費用を出すように言っているのです。

それは、なぜか？

あなたの「本気」を試すため、です。

こういってては何ですが、借金という追いつめられた状況においてさえ、自分では全く努力をしない人もいます。そんな人に手を差し伸べることは親切ではありません。堕落や破滅への手助けになることもありえます。

ぜいたくな食費や交際費、抑えようともしない酒・タバコといった嗜好品。お金に困っているのに、ブランド品で全身を着飾っている人もいます。

そういった人は、「できません」とすぐに嘆いて、楽な方に行ってしまいます。専門家といえども、本気で解決する気のない人に関わっている時間はありません。苦しい家計の中からお金を払ってでも、現在の状況を打破したい。そんな強い思いや覚悟を持っているかどうかを測る目安でもあるのです。


ですから本気で借金を何とかしたい。でも手持ちのお金はあまりないといった状況なら、「何とか変えていきたいけれど、今はこれしか捻出できません」と、手続費用が出せないことも含めて専門家に相談してみましょう。恥ずかしくても正直に打ち明けることが大切です。

相談に乗る側は、法律やお金の専門家ですが、その前に人間です。血が通った人間として、痛さも事情も理解してぜひ救済したいと感じていることでしょう。

そこをあなたが自分なりに判断するのです。着手金10万円と言われたのに、「1万円で受けてくれないから冷たい弁護士だ」とか無茶を言ってはいけませんよ。「今3万円を入れますから、給料が入ったら残額を支払いたい……」などと交渉してみるのも一策です。

とにかく、会話してみましょう。相手との信頼関係やコミュニケーションは、この時点から始まっていくのです。だから、ここでうまくいかないとこの先もむずかしいのです。あなたの情熱や意志が伝われば、先方からこんなふうに費用面に関する提案がなされるかもしれません。

「分かりました。始めはそれでスタートしましょう。私（弁護士）のほうで返済を暫定的にストップさせますから、その返済にあたる部分と家計のやりくりで、私の手続費用を捻出してください」

生活自体が苦しく、費用が出せそうにない場合は日本司法支援センター（愛称「法テラス」）が、法的な費用を一時的に立て替えてくれる制度もあります。「歩み寄る」ことができれば、カンタンにあきらめる必要などないのです。

そもそも、借金整理に詳しい専門家は、相談に来るための電車賃がないとか、食べることさえ心配で、という余裕がない人に出会ったときこそ、料金を気にせず動いてくれるものです。もしそうでないならば、その専門家から離れればいい。単純な話です。お金の余裕がない状況で、必死で用意してきた人の思いを感じとり、まず最優先するのもプロなのです。

本気と本気のぶつかり合いが、いい結果へとつながっていくのです。

COLUMN

「自己破産」は本当に怖い!?

ファイナンシャルプランナーとして、皆さんの家計の相談にのっていると、お金に関するさまざまな思い込みにぶつかります。その一つが「自己破産」に関する思い込みです。たとえば、法的手段を考えたほうがいいほど借金で苦しんでおられる方が、「自己破産」だけは絶対にイヤだ！　と頑固に言いはったりします。根拠もなく、次のような情報を信じているからです。

・戸籍や住民票に記載される。
・年金がもらえなくなる。
・選挙権がなくなる。
・一生、ローンやクレジットカードを利用できない。
・給料がしばらくの間、自由に使えない。

- 子どもの就職に不利になる。
- 海外（旅行）に行けない。
- 印鑑証明書がとれなくなる。
- 生活必需品までとられてしまう。
- 引越しができない。
- 自己破産したことを、職場に連絡される。
- 家族まで、ブラックリスト（事故情報）に載り、カードなどが使えなくなる。
- 会社を解雇される。

などなど。これらはすべてデマなのです。仮にこれらが本当ならば、その人のこれからを応援するための制度なのに、まるで欠陥制度です。本来、自己破産は再出発をするためにしっかりと考えられた制度なのです。

ずるく使おうという気持ちならばモラル上許されませんが、そうではなく懸命にやったがどうしても返済できないときは、勇気ある決断としてこの制度を利用して再出発することは立派なことだと感じます。

CHART.6
それでも貯められない
あなたへ

方法① 他人の目を意識する

今までの自分とは違う角度からのものの見方や考え方、そして新しい自分軸と価値観。それらを生かす、いろいろな仕組みづくりや工夫をここまで提案させていただきました。お金を貯めたい！ その強い思いで、皆さん自分なりの工夫をしていることでしょう。それでもなお、思うように貯められないという人は、もう一度考えてみてほしいのです。

ここで質問です。

あなたは、なかなかお金を貯めることができない友人に、お金を貯めるための「一番効果的なこと」を尋ねられました。次の選択肢から、どのアドバイスを選びますか？

① 貯めようとする強い意志を持とう。

② とにかくお金を使わないこと、つまり節約だよ！
③ 貯まり具合とか経過記録を、安心して見せられる人がいないか探しては？
④ 夢や目標、願望を持って取り組んだほうがいいよ。
⑤ もっと収入を上げる方法を考えてみるべきだよ！

いずれも、お金を貯めるためには非常に大切な考え方です。本書でも、繰り返し触れてきましたね。ですが、あえて「一番効果的なこと」を選ぶなら、それは、③です。

「大切なこと」と「効果的なこと」は違います。「効果的」という観点でいうと、**③の他人を意識する、他人に公開する**、という要素を織りまぜたほうが、現場でも明らかに効果が上がっているのです。

その方法には、次のようなものがあげられるでしょう。

- **家族や友人に家計簿を見せる**
- **ブログやホームページで経過を公開する**

・お金のプロにチェックしてもらう

私の依頼者の方も、実際に家計簿を親に見せたり、ブログに貯金記録をアップしたりした結果、安定して効果を上げつづけています。

あとは、私のような「個人のお金の専門家」であるファイナンシャルプランナーを、利用するのも手ですね。私は家計再生をお引き受けする場合、依頼者に家計状況を見せに定期的に（例えば1カ月に1回）通ってもらっています。みなさん、私という「監視役」を意識することで、自分を抑制する仕組みを作っているのです。

友人との会話で叱咤激励されたり、ブログ上でコメントがついたりなど、他の人が反応してくれるとうれしくなりますよね。数字を公開すると、がんばっているときはほめられ、ムダづかいの習慣が変わらないでいるのなら、それはまずいよ、といったフィードバックが返ってきます。

他の人に見られることは、いい緊張感になるのです。真剣に取り組むきっかけを見出し、くじけそうになったときも励ましてもらえ、よい状況を保てます。とても効果的な方法の一つだといえるでしょう。

方法② 自分と会話する

そうはいっても、他人に公開することには欠点もあります。

お金を貯めていることを人前で軽率に公言するのはまずいでしょう。

場合によっては人間関係に亀裂が入ったり、無用なトラブルさえ引き起こす可能性だってあります。

次の例は、私の依頼者の方に実際に起きたケースです。

■お金のせいで険悪に……

Gさんは仕事帰りに同僚と食事をしたとき、ふとお金を貯めていることを話題にしました。

すると数日後、緊急事態が起こったからお金を貸してほしいと同僚から頼み込まれたそうです。イヤイヤ貸したものの、やがて貸し借りのトラブルになってしまい、険悪な仲に……。

親しく近い間柄だけに、とても残念なケースです。

いくら「人に見せること」が効果的であっても、トラブルを引き起こしそうな場面では、無理に実行すべきではありません。

残念ながら、お金を貯めることは、

人には言わないでひそかに実行する

のが、その性質上合ってしまっているのです。これが、貯金がむずかしい原因の一つでもあります。

では、どうすればいいのでしょう？

せっかく「公開する」ことがお金を貯める有効な方法だとわかったのに、人には見せられない状況だとしたら……。そんなときこそ、本書のやり方を思いだしてください。人には見せずに実行して、効果を出すための方法。それこそが、90日貯金プログラムにもあった、「記録をつける」ことなのです。

夢ノートと家計簿に数字や心情を記しておくと、人に見せるのと同じ効果を味わえます。つまり、もう一人の自分との対話ができるのです。それにより「よし、ここはよくできたな」とか「私はこれがダメなんだ」などと会話型の実感がわいてくるのです。そういった感触を、いかに感じ取れるのかに成果はかかってきます。

【コツはダイエットと同じ？】

人に言わずに実行したいことといえば、ダイエットもそうですね。ですが、ご存じのとおりダイエットも「他人を意識する、公開する」やり方が効果的です。

でも、逆に、そうもいかないときもありますよね？　ダイエット宣言をすると友人にケーキバイキングに誘われたり、飲み会後のラーメン屋に強引に誘われたり……そんな経験がある方も多いのではないでしょうか？

ダイエットも自分で記録をつけ、その結果をいかに感じ取れるのかによってその成果が変わるのです。ちなみに、私自身も記録することによって、90日で4キロ減らすことができました。貯金もダイエットも同じだと自信を持って言えます。

少し話を戻しますが、219ページで選択肢の①を選んだ人は注意してください。ここに至って、今までやってきたことの意味を取り違えていませんか？　たしかに「強い意志を持つ」のは、正論ですし、大切なことです。

しかし実際には、そうできないのが私たちの弱さであって、それをいかに工夫して補い、貯められる仕組みづくりや習慣化をするのか？

私はここまでその説明に力を注いできたつもりです。あなたが貯められない理由は、そこの勘違いにあるのかもしれません。くれぐれも「本質」をつかんでください。

「人は誰でも自分には甘い」のが真実なのですから。

方法③　結果はほどほどに受け取る

自分の周りに起こるすべてのできごとは自分に原因がある、自分が引き寄せている。自己啓発書などでは、よくそう言われています。ある意味、「自業自得」ということですね。もちろんそういうとらえ方もあるでしょうが、**「ほどほどに受け取る」**という姿勢も、このあわただしい現代においては大切ではないでしょうか？

お金の問題で私のところに相談に来られる方のなかには、今の自分にすっかり自信を失っている人も少なくありません。それがこの不況によるもの、たとえば勤め先のやむにやまれぬ事情のせいであっても、自分のせいだと考えてしまうわけです。

たとえば、こんな方もいらっしゃいました。

■それって本当に、もうダメ？

不況でリストラされてしまった会社員Hさん（38歳）。それなりに仕事ができるほうだと思っていたので、大ショック。「おれはもうダメだ……」自信も働く気力もすっかり失っている状態が続いています。当然家計も大ピンチ。

確かにお金に関することは、生活や本人の性格とリンクしています。

しかし、原因と結果が必ずしもつながっているとは限りません。つまり、あなたがダメだから会社が倒産したとか、お給料が下がったというわけでもないですよね。それをいつまでも気にしていたところで、貯金ができるようになるわけでもありません。それよりも、

結果をバランスよく消化できるようになりましょう。

つまり、悪い結果であっても自分や人のせいにしすぎずに受けとめ、過去にとらわれな

いでほしいのです。過去に起きたことは参考程度。これからどうするかに意識を向けるほうがよほど建設的です。

自分でもお金を貯めることができる！　貯金プログラムを実行しながら、喜びや自信を実感していくことにより、そのような不安は、ぜひ打ち消していってください。

本書によって貯金に成功して、目的や楽しみ、ピンチを切り抜けるためにお金を使えるようになれば、それはある意味、現代の処世術の一つを身につけたと言えるのではないでしょうか。

方法④　環境のせいにしない

逆に、「私は育った環境がよくなくて」という話や、「まともな教育を受けさせてもらえなかったから……」などと理由をつけながら家計相談をする方や、これまでの生活習慣をしきりに後悔する方も大勢います。

自分の「今」を見すえてみましょう。

そこには自分が作り出した環境と、そうでないものがあります。自分の力ではどうすることもできない勤務先の倒産による家計悪化や、遺伝的な要素も含めた病気、親の貧困や不仲、不慮の事故……。確かに、悪いのはあなたではありません。とてもつらかったでしょう。現在に至るまで苦労されてきたことと思います。

しかし、私は家計再生コンサルタントです。依頼者の方に同情だけしても何の解決にもなりません。ですから、そういった状況を聞いても、「だから何なのですか？」と心を鬼にして、お金の面から幸せな変化を与えられるよう努めています。

厳しいことを言うようですが、お金が貯まらないという結果を悲観的に受け取り、変わろうとしないならば、現状をあきらめていることと同じです。

まだまだやれるし変われる状況にあるのに、不安と向き合わずに、会社や親、世の中のせいにして過ごしていたところで、結局はまた同じことが起きます。チャンス同様、ピンチも繰り返し訪れ、そのたびに苦しむことになるでしょう。

ピンチ、それもお金の問題でのピンチであれば回避できるのです。

私のところには、高収入にもかかわらず家計相談に見える方もいれば、親の虐待など恵まれない家庭環境で育ちながら、コツコツ蓄えたお金の運用相談に来られる方もいます。そんな現実を見ているうちに、過去の、あるいは今の環境のせいだけにすることは間違っている、と学ばせてもらいました。

仮に不利な環境におかれているのであれば、なおのこと、不利をバネにできるのです。

こんなケースがあります。

■ **環境のせいじゃない！**

Iさんは、26歳にしてはやたらお金にしっかりしています。中学生のころ、ご両親を亡くされたそうです。国や親戚からの支援は受けましたが、やはり金銭的には恵まれない状態。高校に行かずに働きましたが、所得は低いまま。でも、お金を大切に扱いました。順調にお金を増やし、現在では小さな美容室を経営しようと目標を立てています。貯蓄は約６５０万円もあります。

Iさんのように、あなたも目標を作り、挑戦してみてください。

下流の子は下流ではありません。格差も世襲などしません。

「そうとらえて今、努力しているかどうか」なのです。

方法⑤ 弱みを強みに変える

先ほどご紹介したように、環境などにハンデのある人だからこそ大きく、強く変われる可能性を秘めています。それはまるで、**振り子の原理です。**振り幅が利くのです。大きくマイナスに振れれば、その反動で伸びも大きくなる可能性がある。小さくしか振れなければ、その伸びはそれ相応。

これは、お金を貯めたり、人生を変えようとするときにも当てはまります。だから悲観する必要などないのです。今あなたがお金に困っているなら、裕福でぬるま湯のような環境にいる人が手に入れられない、起爆剤を持っているのです。

ハンデがあるからこそラッキーだと思ってください。

今100万円借金がある人は、それを返さなくてはなりません。ですから、これを機会に自分の悪いお金体質を治すことができる。そして払い終われば、それまで返済にまわしていたお金でどんどんお金が貯められることも知っておいてください。

つまり、弱みのようにうつっている過去を含めた現状は、実は「強み」なのです。だからこそ、お金を貯めるうえで優位となることを理解しておいてください。

COLUMN

「なぜ貯められない？」が分かるチェックリスト

貯められないあなたは、方法①〜⑤までを振り返ることも重要ですが、もう一度家計面で問題がないか見直してみましょう。次の項目で確認してみてください。

〔固定費〕

□携帯電話の料金プランや利用している通信会社は適当か調べましたか？
□その借金やローンは返してもなかなか終わらない悪い借金ではありませんか？
□住居費は妥当ですか？（支出割合が一番大きいものだけに注意が必要）
□食事には工夫しましたか？（食費）
□生命保険は見直しましたか？
□お酒やタバコ、かかりすぎていませんか？　タバコはやめられませんか？
□車のコストは意識してみましたか？

□ムダな交際費はないですか？
□水道光熱費はどうせ削れないからと節約を意識せずに使っていませんか？
□読まない新聞や雑誌、利用しないスポーツジム代などはありませんか？
□ギャンブルを含め、儲け話にのっかって使っていませんか？
□便利だからとコンビニに毎日通っていませんか？

〔その他〕

□家計簿は最低90日間、続けられましたか？
□クレジットカード払いはやめましたか？
□使い方基準で「投資」は増えましたか？
□身近にお金を貯めておけるようなもの（口座・貯金箱）を作りましたか？
□キャッシングも含め、お金を借りませんでしたか？
□収入を他で得ることを検討してみましたか？（配偶者のパート勤務などは？）

うまくできていないと感じる部分をきちんとつかみ、改善しましょう。

あとがき

「まじめで不器用な人なんだなあ」

家計がうまくまわらない、お金が貯められないという依頼者の方とはじめて個別面談をさせてもらったときに受ける印象の多くがこれです。

まじめで実直すぎるゆえ、これまでの人生で要領よくコツや知識を学んでこなかったため、生活が苦しくなりやすい。そんな皮肉な現象が起きてしまうのです。


しかし、まじめにやっているのだからお金が貯められなくても仕方がないと、あきらめてしまっては将来もずっとこのままです。厳しいようですが、今の状況にはご自分にも落ち度があるのです。それは貪欲さが足りないとか、取り組み方を知らない、学び方を間違っているという、ささいな落ち度です。

ほんの少しだけ考え方を変え、小さな行動を積み重ねられるか、そこが今後の成否の分かれ目だということに気づいていただきたいのです。

えらそうに書いていますが、実はいまあげたようなこと、20代後半までの私自身にぴったり当てはまります。私も多くの失敗を繰り返してきました。お金に余裕がないからとカード払いをして結局いつもギリギリの生活。稼いでもその分使ってしまい、貯金ができない……むなしく、つまらない生活でした。

でも、あとになって、そういった失敗からできるだけたくさんのことを学んでやろうと必死になりました。ようやく変わることができた今は、むしろ「貯金が下手でよかった」と思っています。

ですから、どうかみなさん、失敗など怖れずに自分の夢や目標を実現できるよう、本書をヒントにしてもがいてみてください。

これからがんばろうとしているとき、本当に悔しいときこそ、人はゆっくりと確実に変わっていくのです。

出版の機会を与えてくださった版元ディスカヴァー・トゥエンティワンと編集部の石橋さんには深く感謝しています。初めて石橋さんとお話ししたとき、わたしの「家計再生」というライフワークに共感していただいたことが、本書執筆のきっかけとなりました。さまざまなアドバイスをくださったエリエス・ブックコンサルティングの土井英司さんにもこの場を借りて御礼申し上げます。

また実際の現場から応援や協力をしてくれた弊社の依頼者のみなさん。日ごろお世話になっている弁護士などの専門家の先生方、業務の傍らで執筆を見守ってくれた弊社の職員。ありがとうございます。

それから、忙しくて楽しい想い出もなかなか与えられていないのに、かわいい笑顔をくれる5人の娘たち、家庭面から支えてくれる妻へ。心から感謝しています。いつもありがとう。

最後にみなさんへ。本書の内容を実践することで、お金は人生を有意義にするためのきっかけとツールになることを実感してください。そして、あなただけの人生をつかみとってください。

いつの日か直接お目にかかり、そのお話を聞かせていただけることを楽しみに私も毎日を過ごしたいと思います。

２０１７年12月　　横山光昭

ディスカヴァー携書 190

年収200万円からの　貯金生活宣言

発行日　2017年12月25日　第1刷
　　　　2017年12月30日　第2刷

Author　横山光昭

Book Designer　寄藤文平＋吉田考宏（文平銀座）

Publication　株式会社ディスカヴァー・トゥエンティワン
〒102-0093　東京都千代田区平河町2-16-1 平河町森タワー11F
TEL　03-3237-8321（代表）
FAX　03-3237-8323
http://www.d21.co.jp

Publisher　干場弓子
Editor　大竹朝子　塔下太朗

Marketing Group
Staff　小田孝文　井筒浩　千葉潤子　飯田智樹　佐藤昌幸　谷口奈緒美　古矢薫
蛯原昇　安永智洋　鍋田匠伴　榊原僚　佐竹祐哉　廣内悠理　梅本翔太
田中姫菜　橋本莉奈　川島理　庄司知世　谷中卓　小田木もも

Productive Group
Staff　藤田浩芳　千葉正幸　原典宏　林秀樹　三谷祐一　大山聡子　堀部直人
林拓馬　松石悠　木下智尋　渡辺基志

E-Business Group
Staff　松原史与志　中澤泰宏　伊東佑真　牧野類

Global & Public Relations Group
Staff　郭迪　田中亜紀　杉田彰子　倉田華　李瑋玲　連苑如

Operation Group
Staff　山中麻吏　吉澤道子　小関勝則　西川なつか　奥田千晶　池田望
福永友紀

Assistant Staff　俵敬子　町田加奈子　丸山香織　小林里美　井澤徳子　藤井多穂子
藤井かおり　葛目美枝子　伊藤香　常徳すみ　鈴木洋子　内山典子
石橋佐知子　伊藤由美　押切芽生　小川弘代　越野志絵良　林玉緒
小木曽礼丈

DTP　アーティザンカンパニー株式会社
Printing　中央精版印刷株式会社

ISBN978-4-7993-2208-6

携書ロゴ：長坂勇司
携書フォーマット：石間　淳